Iniciação à administração de recursos humanos

Idalberto Chiavenato

Iniciação à administração de recursos humanos

Idalberto Chiavenato

Mestre (MSC) e Doutor (PhD) em Administração de Empresas
pela City University of Los Angeles

4ª Edição revista e ampliada

Manole

Capa: Rex Design
Projeto gráfico: Departamento Editorial da Editora Manole
Editoração eletrônica: Luargraf M.E.

Este livro contempla as regras do Acordo Ortográfico da Língua Portuguesa de 1990, que entrou em vigor no Brasil.

Dados Internacionais de Catalogação na Publicação (CIP)
(Câmara Brasileira do Livro, SP, Brasil)

Chiavenato, Idalberto
Iniciação à administração de recursos humanos / Idalberto Chiavenato. – 4. ed. rev. e atual. – Barueri, SP: Manole, 2010.

Bibliografia.
ISBN 978-85-204-2741-5

1. Administração de pessoal. I. Título

09-13120 CDD-658.3

Índices para catálogo sistemático:
1. Administração de pessoal: Administração de empresas 658.3
2. Administração de recursos humanos: Administração de empresas 658.3

4ª edição – 2010
1ª reimpressão – 2012
2ª reimpressão – 2013
3ª reimpressão – 2014
4ª reimpressão – 2014

Editora Manole Ltda.
Av. Ceci, 672 – Tamboré
06460-120 – Barueri – SP – Brasil
Tel.: (11) 4196-6000 – Fax: (11) 4196-6021
www.manole.com.br
info@manole.com.br

Impresso no Brasil
Printed in Brazil

À Rita

Minha esposa, musa e companheira que me dá impulso e inspiração, calor humano e muita emoção, dedico este pequeno livro com todo amor.

Sobre o autor

Idalberto Chiavenato, conhecido e respeitado autor nacional na área de administração de empresas e recursos humanos, é graduado em Filosofia, com especialização em Pedagogia e Psicologia Educacional pela USP, em Direito pela Universidade Mackenzie e pós-graduado em Administração de Empresas pela EAESP-FGV. É Mestre (MSC) e Doutor (Ph.D.) em Administração pela City University of Los Angeles, Califórnia, EUA. Foi professor da EAESP-FGV, bem como de várias universidades no exterior, e consultor de empresas. Sua bibliografia é extensa e de grande destaque no mercado. Ostenta dezessete livros sobre administração traduzidos para a língua espanhola e recebeu vários prêmios e distinções por sua atuação na área de administração geral e de recursos humanos, incluindo dois títulos de Doutor Honoris Causa por universidades estrangeiras

Site do autor: www.chiavenato.com

Prefácio

A Administração de Recursos Humanos (ARH) está despontando como o diferencial que resulta em importante vantagem competitiva das empresas modernas. Não basta ter recursos e tecnologia ou bons produtos e serviços. É necessário dispor de talento humano capaz de transformar tudo isso em resultados maravilhosos. Afinal, o que é uma organização ou uma empresa senão um conjunto integrado de pessoas que lidam com recursos e tecnologia e com produtos e serviços? De nada adianta dispor de recursos financeiros, materiais, tecnológicos ou mercadológicos sem que se disponha de talento humano para aplicar todos esses recursos com inteligência e competência. Sem pessoas não há organizações ou empresas. Elas constituem o único elemento inteligente que proporciona rumos e direcionamento a toda e qualquer atividade organizacional.

Em todas as áreas de atividade organizacional – *marketing*, produção/operações/logística, finanças etc. – é fundamental saber lidar com gente. Além do conhecimento técnico, o sucesso organizacional depende cada vez mais do conhecimento sobre como lidar com as pessoas que trabalham na empresa. E é aí que cada organização ou empresa pode buscar, localizar e aproveitar um enorme e formidável potencial de vantagem competitiva capaz de garantir competitividade e sustentabilidade ao negócio.

Idalberto Chiavenato

Sumário

Capítulo 1

Administração de Recursos Humanos

Tópicos deste capítulo

- As empresas e seus recursos
- Conceito de Administração de Recursos Humanos
- Objetivos e funções da ARH
- A moderna ARH
- Princípios da ARH
- Posição da ARH na estrutura organizacional da empresa
- Composição dos órgãos da ARH
- Interação entre organização e pessoas
- Relação pessoa – trabalho
- Questões para revisão
- Exercícios

Um homem sozinho tem capacidade para fazer muitas coisas e atingir muitos objetivos. Mas quando um homem se associa a outros, a capacidade de fazer muitas coisas e de atingir múltiplos objetivos se torna muitíssimo maior. O provérbio "a união faz a força", na sua simplicidade, explica bem o que o homem é capaz de fazer quando se associa a outros em organizações sociais para levar adiante empreendimentos grandiosos. Ao longo da sua história, o ser humano sempre se associou com seus semelhantes para, em grupo, fazer coisas que sozinho jamais seria capaz. Assim, surgiram as organizações sociais ao longo de toda a história da humanidade. Com o passar dos tempos, as organizações sociais foram se desenvolvendo até alcançarem o estágio moderno de evolução e de complexidade que caracteriza a sociedade de hoje.

Vivemos, agora, em uma sociedade composta de organizações sociais: escolas, clubes, igrejas, hospitais, empresas, sejam elas industriais (produtoras de bens ou produtos) ou prestadoras de serviços (bancos, comércio, restaurantes, financeiras etc.). Existem organizações privadas ou públicas, como as empresas estatais, órgãos governamentais, repartições públicas, instituições militares etc. São tantas as organizações sociais que o homem moderno passa a depender delas para poder viver, aprender, trabalhar, repousar, praticar esportes, comer, cuidar da saúde, dos filhos, do seu dinheiro etc. Assim, nascemos dentro de organizações, vivemos quase todo o nosso tempo dentro delas e nelas morremos.

Não existem organizações sem pessoas. As organizações são chamadas organizações sociais porque são entidades compostas por pessoas para atingir determinados objetivos comuns. As empresas constituem um exemplo de organizações sociais, pois são compostas de pessoas. Mas, além das pessoas, as empresas precisam possuir determinados recursos para poder funcionar e produzir resultados.

As empresas e seus recursos

As empresas são organizações sociais que utilizam recursos para atingir objetivos. Quanto aos objetivos, existem empresas lucrativas, quando o objetivo final é o lucro, e empresas não lucrativas, quando o objetivo final é a prestação de algum serviço público, independentemente do lucro. Lucro é o excedente entre a receita obtida e a despesa efetuada em uma determinada operação. O lucro constitui a remuneração do empreendedor que assume os riscos de um negócio. Toda empresa existe para produzir algo: produtos (bens) ou serviços. As empresas que produzem bens são chamadas empresas industriais, enquanto as empresas que produzem ou prestam serviços são chamadas empresas prestadoras de serviços. Além da produção, as empresas precisam colocar seus produtos ou serviços no mercado. Aí surge a comercialização.

Recursos são os meios ou ativos de que dispõem as empresas para poder produzir. Quanto mais recursos as empresas tiverem ao seu alcance, tanto melhor o seu funcionamento e resultados. Quanto menos recursos, tanto maiores as dificuldades no alcance dos objetivos. Porém, excesso de recursos significa uma aplicação pouco rentável deles. A administração procura a máxima rentabilização dos recursos necessários à obtenção dos objetivos. Existe uma variedade de recursos empresariais, porém os recursos mais importantes são os seguintes:

1) *Recursos materiais*: são os recursos físicos, como edifícios, prédios, máquinas, equipamentos, instalações, ferramentas, matérias-primas etc.
2) *Recursos financeiros*: são os recursos monetários, como capital, dinheiro em caixa ou em bancos, créditos, investimentos, contas a receber etc.
3) *Recursos humanos*: são as pessoas que trabalham em todos os níveis da empresa, desde o presidente até o mais humilde dos operários. Na verdade, as pessoas são os únicos recursos vivos e inteligentes de uma empresa, capazes de lidar com todos os demais recursos empresariais.

De certa forma, os economistas denominam os recursos empresariais como fatores de produção. Para eles, a produção de riqueza somente ocorre quando três fatores de produção estão presentes: a natureza, o capital e o trabalho.

1) *Natureza*: representa os meios que proporcionam matéria-prima, máquinas e equipamentos.
2) *Capital*: representa os meios que financiam a produção.
3) *Trabalho*: representa a mão de obra que transforma a matéria-prima em produto acabado ou serviço prestado, com a ajuda de máquinas e equipamentos.

Modernamente, dois outros tipos de recursos passaram a integrar os recursos básicos da empresa: os recursos mercadológicos e os administrativos.

4) *Recursos mercadológicos*: são os recursos comerciais que as empresas utilizam para colocar seus produtos ou serviços no mercado, como vendas, promoção, propaganda, pesquisa de mercado, definição de preços etc.
5) *Recursos administrativos*: são os recursos gerenciais que as empresas utilizam para planejar, organizar, dirigir e controlar suas atividades.

A falta de um desses recursos impossibilita o processo de produção e colocação dos bens e serviços no mercado. Assim, todos os recursos empresariais são importantes. Todavia, são os recursos humanos – as pessoas – os únicos recursos que proporcionam inteligência, conhecimentos, competências e decisões que põem em ação todos os demais recursos empresariais, que são inertes, estáticos e sem vida própria.

Quadro 1.1 – Os recursos empresariais

Recursos empresariais	**Fatores de produção**	**Exemplos**
Materiais	Natureza	Edifícios, máquinas, equipamentos, instalações, matérias-primas.
Financeiros	Capital	Capital, dinheiro em caixa ou bancos, contas a receber.
Humanos	Trabalho	Desde o presidente até o mais humilde dos operários.
Mercadológicos		Promoção, propaganda, vendas, pesquisa de mercado.
Administrativos		Planejamento, organização, direção e controle.

Afinal, o que é um recurso? Trata-se de um ativo, uma propriedade, algo físico e estático, um meio de produção. Modernamente, é importante lembrar que pessoas não são consideradas recursos empresariais. O nome Recursos Humanos provém da Era Industrial, quando as empresas eram conceituadas como conjuntos integrados e coordenados de recursos no sentido de alcançar objetivos organizacionais. Hoje, na Era da Informação, as empresas passaram a ser conceituadas como conjuntos integrados e articulados de

(continua)

(continuação)

competências, sempre atualizadas e prontas a serem aplicadas a qualquer oportunidade que surja, antes que os concorrentes o façam. E essas competências estão nas pessoas, não nos recursos. Recursos não têm competências. E onde eles foram parar? Os recursos, hoje, constituem a base, a plataforma sobre a qual as competências operam e aplicam. Os recursos são passivos, enquanto as competências são ativas e inteligentes. Pessoas não são recursos. Elas são pessoas. São gente. Essa mudança de conceito mostra a passagem do estágio físico e concreto das empresas para um novo estágio virtual e conceitual que caracteriza a Era da Informação. A denominação Recursos Humanos está sendo utilizada neste livro apenas e simplesmente por uma questão de marca, identidade, tradição. É com este nome que a área é conhecida em todo o mundo dos negócios.

Para administrar cada um dos recursos empresariais, existe uma área específica na empresa que é dirigida, em princípio por um diretor, conforme demonstra a Figura 1.1.

Contudo, o conceito de empresa está mudando radicalmente. No decorrer da Era Industrial, as empresas eram conceituadas como conjuntos integrados e articulados de recursos no sentido de alcançar objetivos empresariais. Essa é a abordagem mais frequente ainda nos dias de hoje. Todavia, com a entrada da Era da Informação, as em-

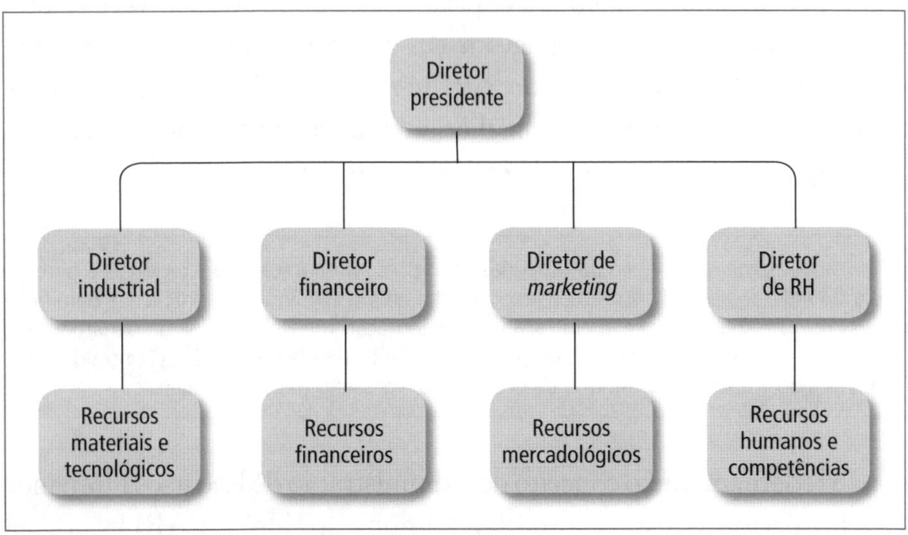

Figura 1.1 – A administração dos recursos empresariais.

presas estão passando a ser conceituadas como conjuntos integrados, articulados e sempre atualizados – em função das mudanças e transformações que ocorrem no mundo dos negócios – de competências, sempre prontas e disponíveis para serem aplicadas a toda e qualquer oportunidade que surja, antes que os concorrentes o façam. E surge a primeira pergunta: onde residem as competências? Elas não estão nos recursos, mas nas pessoas. E aí surge a segunda pergunta: e onde foram parar os recursos nessa nova conceituação de empresas? Os recursos – por serem estáticos, físicos, passivos e sem ação própria – estão constituindo, hoje, a plataforma ou a infraestrutura sobre a qual agem as competências. Estas passam a ser o elemento ativo, inteligente e criador que impulsiona ou direciona a utilização dos recursos.

Conceito de Administração de Recursos Humanos

Durante muito tempo, a Administração de Pessoal (AP) foi conhecida como a área da administração que cuidava exclusivamente de admissões, pagamento e demissões da mão de obra das empresas, de acordo com a legislação trabalhista vigente. Naquela época, a área de AP considerava apenas as pessoas que trabalhavam em atividades físicas, de operações, mecânicas e fabris. O velho conceito de AP era derivado daquilo que os economistas chamavam de trabalho: uma atividade limitada a transformar o que provinha do fator de produção natureza.

> Antigamente, a AP se limitava apenas a funções burocráticas e operacionais e o departamento de pessoal era visto como o lugar da empresa no qual se admitia e se demitia pessoas. O trabalho principal era focado na elaboração mensal da folha de pagamento por meio dos dados dos cartões de ponto. A referência básica era a CLT (Consolidação das Leis do Trabalho), no sentido de obedecer à legislação trabalhista vigente.

Modernamente, o conceito de Administração de Recursos Humanos (ARH) passou por uma formidável ampliação. Hoje, a ARH é a área da administração que cuida do suprimento, da manutenção e do desenvolvimento de todos os recursos humanos da empresa. Ela envolve atividades de atrair, manter e desenvolver pessoas nas empresas. Assim, a ARH requer, necessariamente, a conjunção de duas realidades: empresas e pessoas. Sem empresas e pessoas não haveria a ARH. A ARH está preocupada em fazer com que o relacionamento entre empresas e pessoas seja excelente. Isso significa fazer com que a empresa crie um contexto no qual as pessoas se sintam bem, ao mesmo tempo em que faz com que elas agreguem valor ao trabalho que executam e permite que a empresa alcance os resultados pretendidos pela sua administração. A interação entre empresas e pessoas é o assunto mais importante da ARH.

Objetivos e funções da ARH

A ARH procura atingir vários objetivos simultaneamente. Alguns desses objetivos estão voltados para a empresa, enquanto outros estão voltados para as pessoas que nela trabalham em todos os níveis hierárquicos. Os principais objetivos da ARH são:

1) Proporcionar à empresa os talentos e competências mais adequados ao seu funcionamento, desenvolvê-los e mantê-los em longo prazo na organização.
2) Proporcionar às pessoas trabalho e ambiente adequados de tal modo que se sintam bem e motivadas a permanecer e a trabalhar com dedicação.
3) Proporcionar condições de perfeito alinhamento entre os objetivos empresariais e os objetivos individuais das pessoas.

Para atingir esses objetivos, a ARH deve dedicar-se às seguintes funções principais:

1) Suprir a empresa dos talentos e competências necessários por meio do recrutamento e seleção de pessoal.

2) Manter, na empresa, as pessoas necessárias por meio da remuneração, dos benefícios sociais e da higiene e segurança do trabalho.
3) Desenvolver as pessoas com potencial na empresa, por meio do treinamento e desenvolvimento de pessoal.

Para que essas três funções principais sejam perfeitamente atendidas, a ARH dedica-se também a outras duas funções mais abrangentes, a saber:

4) Criar entre as pessoas – desde os diretores até as pessoas de nível mais baixo – uma atitude favorável ao relacionamento interpessoal e um clima propício ao entrosamento social.
5) Criar condições para que cada superior administre seus subordinados de acordo com as normas e critérios – políticas de pessoal – definidos pela empresa.

Por isso, é comum a afirmação de que a ARH está preocupada basicamente em tornar melhor a empresa e a qualidade de vida no trabalho dentro dela. A empresa melhor é aquela que produz mais valor, agrega riqueza e oferece mais resultados enquanto a qualidade de vida representa o grau de satisfação de cada pessoa com relação ao ambiente ao redor do seu trabalho.

A MODERNA ARH

Antigamente, a AP era um órgão isolado que trabalhava solitariamente executando serviços rotineiros como folha de pagamento, admissões e desligamentos de pessoal. Nesse sentido, era um órgão eminentemente burocrático e operacional devotado às rotinas de pessoal. Além disso, a AP não tinha nenhuma autonomia própria, pois dependia das solicitações de outros órgãos da empresa. Era uma verdadeira prestadora de serviços em função de decisões alheias.

Hoje, a ARH é um órgão que compartilha com todos os demais órgãos da empresa o encargo de administrar pessoas. A moderna conceituação de ARH significa que administrar pessoas é uma responsabilidade de linha de cada gerente. Aliás, uma responsabilidade exclusiva, pois o gerente não reparte a autoridade que tem sobre seus subordinados com ninguém. Nem mesmo com o gerente da ARH. Todavia, em cada empresa existem vários gerentes, cada qual com diferentes características de personalidade, experiência profissional e formação pessoal. Para que essa responsabilidade de linha seja executada de maneira uniforme pelos vários gerentes, o órgão de ARH deve ser capaz de:

1) Estabelecer normas e critérios – políticas de pessoal – que sirvam de base para que os gerentes administrem seus subordinados.

2) Executar atividades especializadas relacionadas com pessoas para liberar os gerentes para as responsabilidades essenciais de sua área de ação. Assim, a ARH deve executar serviços de recrutamento e seleção, treinamento, avaliação de cargos e salários, elaboração da folha de pagamento, rotinas de admissão e desligamento, férias etc.

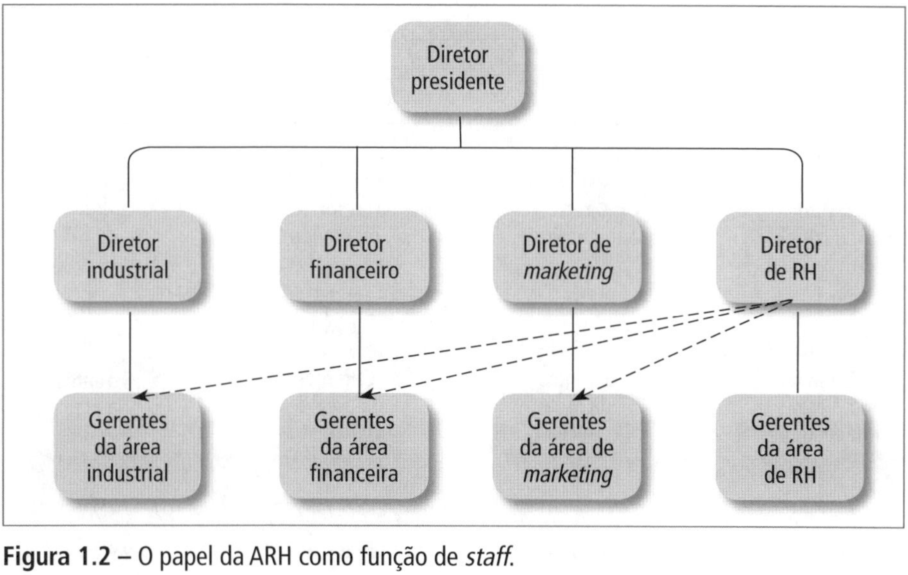

Figura 1.2 – O papel da ARH como função de *staff.*

Assim, o órgão de ARH existe para permitir que cada gerente possa administrar seus subordinados da melhor maneira possível. Dito isso em outras palavras, a função da ARH é administrar as pessoas através de suas respectivas gerências. Enquanto os gerentes assumem a responsabilidade de linha, a ARH assume a responsabilidade de *staff* pela administração das pessoas (Figura 1.2).

Princípios da ARH

Para atender ao conceito da moderna ARH que acabamos de apresentar, existem dois princípios básicos, relacionados a seguir:

1) *Administrar pessoas é uma responsabilidade de linha*: uma responsabilidade exclusiva de cada gerente em relação aos seus subordinados. Assim, cada gerente é o gestor de sua equipe de subordinados.
2) *Administrar pessoas é uma função de assessoria*: existe um órgão de *staff* que estabelece normas e critérios de pessoal, proporciona consul-

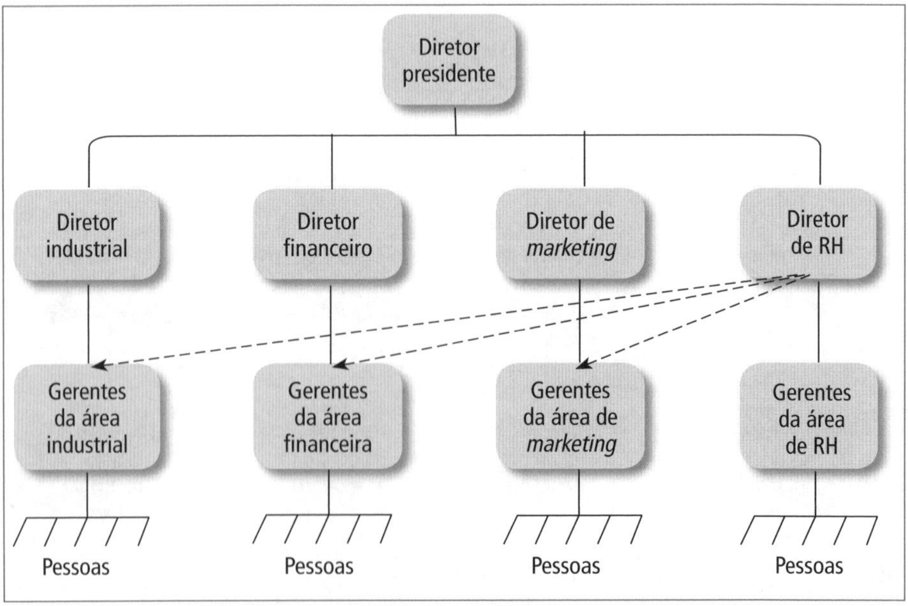

Figura 1.3 – Centralização e descentralização da ARH.

toria interna aos gerentes como gestores de pessoas e que executa atividades especializadas relacionadas com o pessoal – como seleção, treinamento, administração de salários etc. – para liberar os gerentes de tais encargos não essenciais às suas atividades.

O atendimento a esses dois princípios é importante para estabelecer um equilíbrio harmônico entre o órgão de ARH e os gerentes da empresa. O órgão de ARH é o prestador de serviços e o consultor interno, enquanto os gerentes da empresa são os gestores de pessoas e os usuários desses serviços. Ambos os princípios servem para evitar, de um lado, a centralização extrema dos encargos de pessoal no órgão de ARH e, de outro lado, a descentralização caótica dos assuntos de pessoal entre os gerentes da empresa. Ambos estes extremos devem ser evitados para não sobrecarregar o órgão de ARH ou os gerentes.

Posição da ARH na estrutura organizacional da empresa

Como a ARH está relacionada com as pessoas e suas competências – presentes em todos os níveis e áreas da empresa –, o executivo maior de ARH deveria estar presente no nível decisório da empresa, isto é, no nível estratégico em que está a diretoria. É o que acontece em empresas de porte grande e em algumas empresas de porte médio. Se cada um dos recursos básicos da empresa for administrado por uma diretoria específica, teríamos a seguinte estrutura organizacional (Figura 1.4), ideal para empresas de porte grande ou médio.

Contudo, nas empresas de porte médio, o número de pessoas é menor, o que não justifica uma diretoria de RH. Nesse caso, o executivo maior do órgão de ARH costuma ficar no nível gerencial e não no nível decisório e, geralmente, subordinado a um diretor que, por não ser especializado na área de RH, trata-a de maneira marginal ou superficial. Esta situação pode ser assim representada (Figura 1.5).

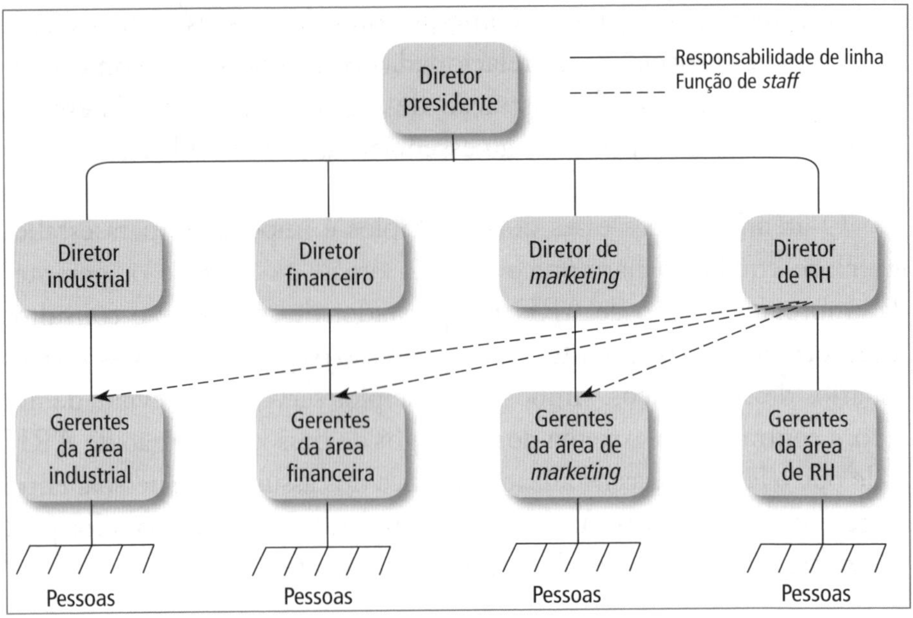

Figura 1.4 – Posição do órgão de ARH no organograma da empresa.

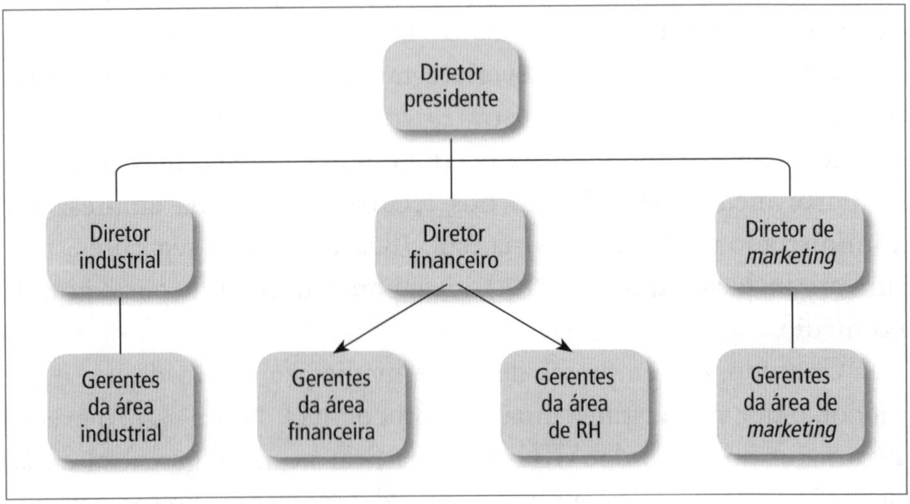

Figura 1.5 – Posição do órgão de ARH em uma empresa de médio porte.

Nas empresas de pequeno porte e que dispõem de poucos níveis hierárquicos, a posição do órgão de ARH geralmente fica em um nível de chefia ou de supervisão. É que, na medida em que as empresas crescem, esse crescimento se faz verticalmente, através da criação de maior número de níveis hierárquicos. A mesma coisa acontece com as áreas da empresa. Quando a empresa é pequena, o seu número de áreas (departamentos ou seções) também é pequeno. Na medida em que a empresa cresce, esse crescimento também se faz horizontalmente através da criação de departamentos (departamentalização) ou de seções, aumentando sua complexidade.

Composição dos órgãos da ARH

Em geral, a ARH é organizada de acordo com o tamanho, características e propósitos de cada empresa, como acabamos de ver. Por essa razão, cada empresa organiza os órgãos que devem compor a ARH de acordo com suas necessidades e objetivos a serem alcançados. Uma enorme variedade de órgãos em uma empresa de pequeno porte significaria um exagero. Uma pequena variedade de órgãos em uma empresa de grande porte, por outro lado, significaria uma enorme omissão. Frente a tal variedade de soluções utilizadas pelas empresas, poderíamos simular uma alternativa frequentemente utilizada, como no Quadro 1.2.

Quadro 1.2 – Os órgãos da ARH e suas principais funções

Departamentos	Funções e atividades básicas
Recrutamento e seleção	Recrutamento e seleção de pessoal
Administração de pessoal	Rotinas de pessoal, admissões, desligamentos, pagamento, relações com sindicatos
Treinamento	Integração e treinamento do pessoal
Administração de salários	Análise e descrição de cargos, avaliação de cargos, avaliação do desempenho, remuneração
Higiene e segurança	Higiene e segurança do trabalho e qualidade de vida

Os órgãos da ARH poderiam ser colocados da seguinte maneira na estrutura organizacional (Figura 1.6).

A estrutura organizacional do órgão de ARH da Figura 1.6 deve servir apenas como ponto de referência. Logicamente, cada empresa, em função de suas características, tamanho, produtos ou serviços, políticas e diretrizes, tende a desenvolver uma estrutura organizacional própria e específica.

Figura 1.6 – Estrutura organizacional típica do órgão de ARH.

Interação entre organização e pessoas

Durante muito tempo, discutiu-se o antagonismo entre objetivos organizacionais e objetivos individuais das pessoas. Parecia que ambos não se bicavam. Na medida em que a organização busca alcançar seus objetivos – como lucro, redução de custos, maior produtividade etc. –, ela tende a sacrificar os objetivos individuais, como salários, benefícios, segurança no emprego etc., fazendo com que as pessoas pensassem que precisavam igualar a equação trabalhando menos para compensar o ganhar menos. Era a disputa típica do ganhar/perder. Isso já se foi. Hoje, as empresas funcionam no sentido de alcançar seus objetivos de modo paralelo com os objetivos dos seus funcionários, no sentido de criar condições de ganhar/ganhar. Quando ambos ganham, ambos trabalham melhor.

A razão de ser da ARH está no alcance de um equilíbrio dinâmico na interação entre organização e pessoas. Ambas trabalham em um estreito relacionamento que deve se traduzir em benefícios recíprocos. Ambas as partes devem ser igualmente privilegiadas. Isso porque as organizações necessitam de pessoas para fazê-las funcionar, alcançar objetivos e oferecer resultados, mas por outro lado, as pessoas necessitam de organizações para trabalharem, autorrealizarem-se e ganharem a vida. Quando essa interação reflete apenas o poder da organização, esta é privilegiada e as pessoas se tornam vítimas ou agentes passivos de pressões, coerções e coações vindas da organização sob todas as formas possíveis. Contudo, quando essa interação reflete apenas o poder das pessoas, estas é que são privilegiadas e é a organização que se torna vítima e agente passivo de interesses pessoais e busca de vantagens individuais e, com isso, não consegue alcançar as condições mínimas de sustentabilidade e continuidade a longo prazo tendo, portanto, vida breve. A mutualidade é indispensável tanto para a sobrevivência organizacional como para a satisfação pessoal das pessoas. Isso tudo provoca sinergia, ou seja, a simultaneidade de forças concorrentes – tanto da organização como das pessoas nela envolvidas. Ambas as partes saem ganhando, pois os esforços conjuntos provocam retornos multiplicados e não apenas somados.

Relação pessoa – trabalho

Muito se tem escrito sobre o relacionamento entre a pessoa e o trabalho. Dizem que o trabalho dignifica o homem e isto é quase sempre uma verdade, na medida em que o trabalho é adequado à natureza humana e na medida em que a pessoa faz aquilo que realmente gosta.

O ideal é que as pessoas trabalhem com prazer e que o ambiente de trabalho seja realmente amigável e agradável.

Nem sempre foi assim. Durante séculos, o trabalho foi considerado algo penoso e vil, sendo executado por escravos ou por pessoas de camadas sociais pobres ou inferiores[1]:

- **Antiguidade**: o trabalho manual era considerado uma tarefa de escravos, servos ou das classes sociais pobres da população. Os homens livres eram uma minoria que se dedicava à guerra, às artes, à filosofia, à administração pública ou ao lazer.
- **Idade Média**: tudo o que a sociedade medieval consumia – desde alimentos e utensílios a armas – era produzido por servos ou escravos. Com o artesanato e as oficinas, o trabalho se expande gradativamente. O clero se dedicava à religião e à teologia enquanto os nobres se ocupavam do lazer ou das guerras.
- **Renascimento**: há uma crescente valorização das pessoas em todos os níveis sociais. O trabalho e os atos mundanos passam a ser considerados positivamente e a religião muda a visão do trabalho. O protestantismo legitima o trabalho e a poupança e afirma os valores da nascente burguesia e da sua atividade no comércio.
- **Revolução Industrial**: a criação das máquinas e o início da industrialização provocam a necessidade de um número cada vez maior de trabalhadores. Com a urbanização, a mão de obra abundante e barata passa a trabalhar em condições desumanas e insalubres das incipientes fábricas em longas jornadas de trabalho. Surgem os primeiros sindicatos.
- **Era Industrial**: começam a surgir as grandes empresas industriais e a especialização dos trabalhadores se consolida. Os sindicatos e as leis trabalhistas se multiplicam para proteger os trabalhadores da insalubridade e da periculosidade. O trabalho é pago por meio dos salários. Após a Segunda Guerra Mundial, começa a entrada em massa das mulheres no mercado de trabalho.
- **Era da Informação**: o trabalho físico e mecânico é gradativamente atribuído a máquinas e a robôs. As tarefas mentais e mais complexas e que exigem criatividade e inovação são valorizadas. De um lado, há um espaço maior para a realização pessoal no trabalho, mas, em compensação, as organizações pressionam mais as pessoas e exigem mais delas. A tecnologia da informação proporciona a possibilidade do trabalho ser realizado em qualquer lugar ou hora.

Em muitos dos capítulos deste livro, falaremos sobre a adequação da pessoa ao trabalho: a pessoa é recrutada e selecionada de acordo com

---

[1] Chiavenato, I. *História da administração:* entendendo a administração e sua poderosa influência no mundo moderno. São Paulo: Saraiva, 2009c.

as características do trabalho a ser executado; é treinada de acordo com o método do trabalho que deverá executar; é avaliada pelo desempenho no trabalho e assim por diante. Essas coisas significam uma adaptação da pessoa ao trabalho.

Porém, um aspecto muito importante é a adaptação do trabalho à natureza da pessoa, ou seja, a adequação da tarefa às características das pessoas que deverão executá-las. De um lado, isso é geralmente feito pela moderna engenharia industrial nas fábricas, procurando adaptar os métodos e processos de trabalho, máquinas e equipamentos, condições ambientais de trabalho (como iluminação, nível de ruído, temperatura etc.) às condições humanas, para que as pessoas se sintam melhor e trabalhem mais produtivamente. De outro lado, a moderna ARH se preocupa em modificar a atividade no trabalho substituindo gradativamente o cargo (trabalho individual, isolado, fragmentado) pela atividade em equipe – trabalho social, interativo, integrado.

Assim, existe nas empresas uma adaptação da pessoa ao trabalho, mas existe também uma contínua adaptação do trabalho à pessoa. Quando ambas as adequações são feitas – adequação da pessoa ao trabalho e adequação do trabalho à pessoa –, a relação pessoa-trabalho se torna mais produtiva e feliz. Produtiva, porque o rendimento humano é aumentado, proporcionandomaior produtividade, melhorias para a empresa e para a pessoa. Feliz, porque a satisfação das pessoas também é aumentada, proporcionando um clima de trabalho mais agradável.

Quando se consegue esse tipo de relação pessoa-trabalho, certamente a ARH terá conseguido alcançar uma de suas principais finalidades: a melhoria da qualidade de vida no trabalho e nas empresas.

Questões para revisão

1) O que são organizações sociais?
2) Explique a sociedade de organizações.
3) Defina empresa.

4) Faça distinção entre empresas lucrativas e empresas não lucrativas.
5) Defina empresas industriais e empresas prestadoras de serviços.
6) O que são recursos?
7) Defina recursos materiais. Exemplifique.
8) Defina recursos financeiros. Exemplifique.
9) Defina recursos humanos. Exemplifique.
10) O que é Administração?
11) Defina fatores de produção.
12) Explique o que significam natureza, capital e trabalho.
13) Defina recursos mercadológicos. Exemplifique.
14) Defina recursos administrativos. Exemplifique.
15) Qual é o antigo conceito de AP?
16) Qual é o moderno conceito de ARH?
17) Quais são os objetivos da ARH?
18) Quais são as funções da ARH?
19) Conceitue a moderna ARH.
20) Defina a ARH como órgão de assessoria.
21) Defina a ARH como responsabilidade de cada chefe.
22) Quais são os dois princípios da moderna ARH?
23) O que significa qualidade de vida na empresa? Qual é o papel da ARH?
24) Explique a ARH como uma responsabilidade de linha e função de *staff*.
25) O que significa responsabilidade de linha?
26) O que significa função de *staff*?
27) Quais são os usuários da ARH?
28) Descreva a posição da ARH na estrutura organizacional da empresa.
29) Compare a posição da ARH na estrutura de uma empresa grande, média e pequena.
30) Quais são os principais órgãos que compõem a ARH?

31) Descreva as funções e as atividades dos principais órgãos da ARH.

32) Disserte sobre a interação entre organizações e pessoas.

33) Disserte sobre a relação entre homem e trabalho.

34) Como se faz a adequação do homem ao trabalho?

35) Como se faz a adequação do trabalho ao homem?

36) Qual é o vínculo entre a relação homem e trabalho e a qualidade de vida?

Exercícios

1) Procure identificar os recursos empresariais da empresa na qual você trabalha ou da instituição de ensino em que estuda, e como estão constituídos no organograma. Defina como são administrados pelas diretorias, gerências ou chefias.

2) Certamente, a empresa na qual você trabalha ou a instituição de ensino em que estuda tem um órgão de ARH. Procure verificar a posição do órgão de ARH na estrutura organizacional de sua empresa ou instituição de ensino, quais órgãos a compõem e suas funções e atividades.

3) Procure demonstrar, por meio de exemplos práticos, como funciona o princípio da responsabilidade de linha e função de *staff*, que é o princípio básico da ARH.

Capítulo

2 Recrutamento de pessoal

Tópicos deste capítulo

- Mercado de trabalho e mercado de recursos humanos
- Conceito de recrutamento de pessoal
- Finalidade e importância do recrutamento
- Fases do recrutamento
- Fontes de recrutamento
- Técnicas de recrutamento
- A importância do currículo
- Questões para revisão
- Exercícios

As empresas não vivem sozinhas, nem isoladas do mundo. Elas estão integradas a um meio ambiente e fazem parte dele. O meio ambiente é tudo o que envolve externamente uma empresa. É do meio ambiente que as empresas obtêm recursos para trabalhar e é nele que as empresas colocam os seus produtos ou serviços. O meio ambiente é vasto e complexo. É todo o universo que envolve a empresa: os continentes, os países, as cidades, as organizações, as empresas, as pessoas etc. Representa também os mercados de clientes e fornecedores, os concorrentes, a sociedade em geral, a comunidade na qual está situada a empresa, entre outros. Mas como o meio ambiente é demasiado vasto e complexo, utiliza-se o conceito de mercado para definir uma parte do meio ambiente que está diretamente relacionada com a empresa. Mercado é um segmento do meio ambiente que interessa diretamente a uma empresa.

MERCADO DE TRABALHO E MERCADO DE RECURSOS HUMANOS

A palavra *mercado* servia para indicar o local físico no qual as pessoas se reuniam para efetuar transações, isto é, para vender e comprar mercadorias ou serviços. Modernamente, mercado significa mais que simplesmente um local físico envolvendo uma comunidade, uma região, um país, um continente ou o mundo todo, conforme o assunto a ser tratado. Além do aspecto espaço, o mercado é fortemente influenciado pelo aspecto tempo: o mercado de sorvetes em qualquer lugar se comporta de uma maneira no verão e de outra no inverno. O mercado de trabalho no nosso país, no primeiro trimestre de cada ano, é mais tranquilo, enquanto no último trimestre torna-se mais agitado e dinâmico.

O mercado envolve transações entre vendedores (que oferecem bens ou serviços) e compradores (que procuram bens ou serviços), isto é, entre oferta e procura de bens ou serviços. De acordo com a oferta e a procura, o mercado pode apresentar-se em três situações, a saber:

1) *Situação de equilíbrio*: a oferta é igual à procura. Nessa situação, os preços tendem a se estabilizar.
2) *Situação de oferta*: a oferta é maior que a procura. Nessa situação, os preços tendem a baixar, em função da competição entre vendedores, pois a oferta de bens ou serviços é maior que a procura deles.
3) *Situação de procura*: a procura é maior que a oferta. Nessa situação, os preços tendem a aumentar, em função da competição entre compradores, pois a procura de bens ou serviços é maior que a oferta existente.

Existem vários tipos de mercados (de capitais, financeiro, acionário, agrícola, de consumo etc.), mas os que nos interessam neste livro são o mercado de trabalho e o mercado de recursos humanos. Vejamos cada um deles:

Mercado de trabalho

O mercado de trabalho é o conjunto de oportunidades de emprego que existe em uma determinada comunidade ou região. O mercado de trabalho é constituído por todas as empresas que oferecem oportunidades de emprego, isto é, que oferecem vagas em certa comunidade ou região. O mercado de trabalho é a somatória de todas essas oportunidades de trabalho ou de emprego.

Quando o mercado de trabalho se encontra em situação de oferta (excesso de ofertas de emprego e escassez de procura), as empresas dispõem de vagas que dificilmente são ocupadas, pois faltam candidatos. Nesse caso, as empresas concorrem entre si e aumentam as ofertas de salários para conquistar empregados que estão trabalhando em outras empresas.

Quando o mercado de trabalho se encontra em situação de procura (excesso de procura de emprego, isto é, excesso de candidatos e escassez de vagas), as empresas não dispõem de vagas e há muitos candidatos à procura delas. Nesse caso, os candidatos concorrem entre si e diminuem as suas pretensões salariais para obter emprego.

Quadro 2.1 – O mercado de trabalho em situação de oferta e de procura

Situação de oferta	**Situação de procura**
Oferta de trabalho	Procura de trabalho
Excesso de ofertas de emprego	Escassez de vagas
Escassez de candidatos	Excesso de candidatos
Competição entre empresas	Competição entre candidatos

Mercado de recursos humanos

O mercado de recursos humanos é o conjunto de candidatos reais ou potenciais que existe em uma determinada comunidade ou região. O mercado de recursos humanos é constituído de todos os candidatos que procuram emprego (candidatos reais) ou pessoas que estão trabalhando (candidatos potenciais), mas que poderiam se interessar por um novo emprego. O mercado de recursos humanos abrange a totalidade de candidatos (operários ou mensalistas, pessoal de nível secundário ou universitário, supervisores, gerentes e diretores).

Quando o mercado de recursos humanos se encontra em situação de oferta (excesso de candidatos e escassez de vagas), os candidatos são muitos e as disponibilidades de vagas são poucas. Nesse caso, os candidatos concorrem entre si para disputar as poucas oportunidades existentes no mercado de trabalho e o recrutamento torna-se mais fácil, exigindo poucos investimentos das empresas e a aplicação de poucas técnicas de recrutamento sobre o mercado.

Quadro 2.2 – O mercado de recursos humanos em situação de oferta e de procura

Situação de oferta	**Situação de procura**
Oferta de recursos humanos	Procura de recursos humanos
Excesso de candidatos	Escassez de candidatos
Escassez de vagas	Excesso de vagas
Competição entre candidatos	Competição entre empresas

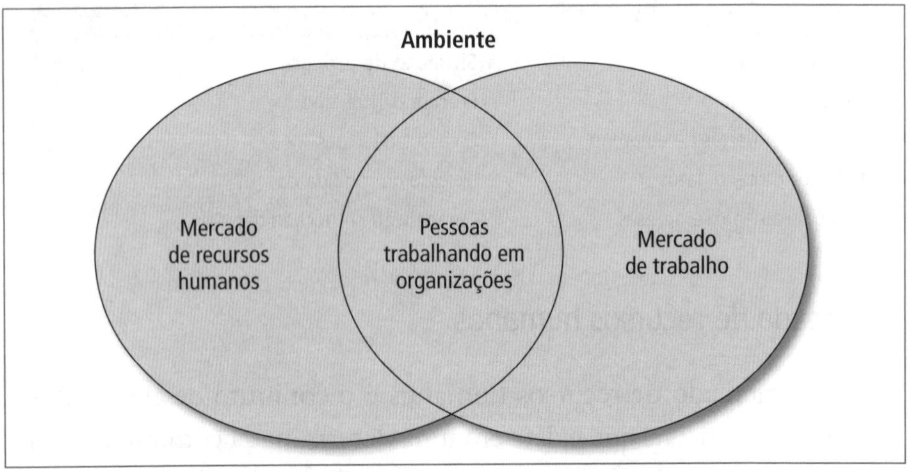

Figura 2.1 – A intersecção entre o mercado de trabalho e o mercado de recursos humanos.

Quando o mercado de recursos humanos se encontra em situação de procura (há mais procura de candidatos que oferta), os candidatos são poucos e a procura de candidatos é maior. Nesse caso, as empresas concorrem entre si para disputar os poucos candidatos existentes no mercado de recursos humanos e o recrutamento torna-se mais difícil, exigindo muitos investimentos e a aplicação de muitas técnicas de recrutamento sobre o mercado para atrair candidatos.

Na realidade, o comportamento do mercado de trabalho é o inverso do comportamento do mercado de recursos humanos. Ambos são interagentes e mutuamente dependentes: o mercado de trabalho precisa de candidatos para preencher suas vagas e o mercado de recursos humanos, de oportunidades de emprego para poder trabalhar.

CONCEITO DE RECRUTAMENTO DE PESSOAL

O termo *recrutamento* tem sua origem na área militar: o recrutamento militar é a convocação obrigatória de todo cidadão que atinge determinada idade. Na vida empresarial, o recrutamento é

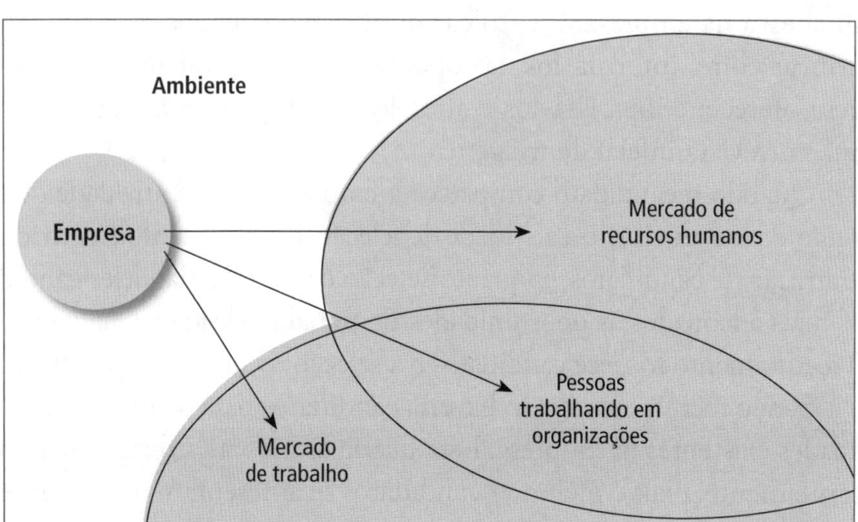

Figura 2.2 – O recrutamento como um sistema de informação e de atração de candidatos.

também uma convocação e um convite, mas sem o comparecimento obrigatório do candidato. Mais do que isso, o recrutamento é um sistema de informação das empresas que constituem o mercado de trabalho e é destinado aos candidatos que povoam o mercado de recursos humanos para divulgar ofertas de empregos.

Assim, o recrutamento é um processo de localização, identificação e atração de candidatos para a organização.

Para que o recrutamento transmita uma imagem pública da empresa favorável ao mercado de recursos humanos é necessário que seja feito com continuidade e constância, mesmo que a empresa não tenha vagas em determinados momentos. Isso significa que, para ser contínuo, o recrutamento exige que a empresa tenha sempre suas portas abertas aos candidatos que se apresentam. Além disso, a marca e o prestígio da empresa constituem forças importantes que contribuem fortemente para a atração de candidatos.

Finalidade e importância do recrutamento

A finalidade do recrutamento é atrair candidatos para a empresa. Para tanto, o recrutamento deve: ter em foco quais as oportunidades em aberto na empresa; identificar onde estão situados os candidatos; verificar como informá-los das oportunidades de trabalho que a empresa oferece; e interessá-los e atraí-los a comparecer à empresa para uma entrevista inicial de triagem.

Quando o candidato comparece à empresa, cessa a atividade de recrutamento e tem início a atividade de seleção. Recrutamento é a atividade de atração de candidatos, enquanto seleção é a escolha daqueles candidatos mais adequados às oportunidades de trabalho existentes na empresa. O recrutamento fornece candidatos e a seleção escolhe os mais aptos.

Sem o recrutamento não haveria candidatos para ocupar as oportunidades existentes na empresa. Esta ficaria às moscas. Quanto melhor o recrutamento, mais e melhores candidatos se apresentam para o processo seletivo. A importância do recrutamento reside na sua capacidade de atrair talentos para a empresa. Quanto mais atraente for o recrutamento, melhor será o seu desempenho. A atratividade é a força do recrutamento em trazer candidatos à empresa.

Fases do recrutamento

Para atrair candidatos, o recrutamento deve levar em conta as oportunidades disponíveis na empresa e os possíveis candidatos. Deve localizá-los, informá-los sobre as oportunidades de trabalho que a empresa oferece e atraí-los para uma entrevista inicial de triagem. Trocando em miúdos, o recrutamento é um processo constituído de cinco fases (Figura 2.3).

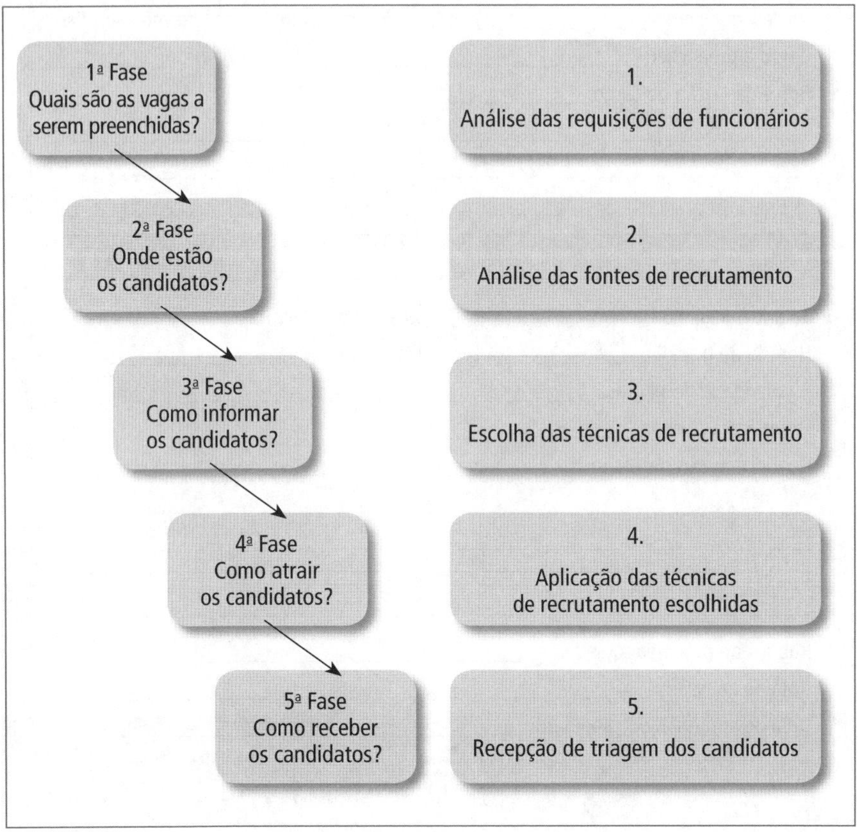

Figura 2.3 – As fases do recrutamento.

Análise das requisições de funcionários

Quando algum órgão da empresa precisa preencher uma determinada vaga, o executivo desse órgão precisa emitir um documento denominado Requisição de Funcionário (RF) e encaminhá-lo ao órgão de recrutamento e seleção, o qual a partir daí dá início ao processo de recrutamento. A RF constitui uma espécie de ordem de serviço para o órgão de recrutamento e seleção começar a funcionar, pois nela devem estar contidas

REQUISIÇÃO DE FUNCIONÁRIO (RF)

Do departamento: ____________ Para: departamento de recrutamento e seleção

Cargo a preencher: ____________ Código: ____________

Breve descrição do cargo: ____________

Salário inicial: R$ ____________ Salário do cargo: R$ ____________

Horário de trabalho: ____________ Local de trabalho: ____________

Escolaridade necessária: ____________

Experiência prévia: ____________

Conhecimentos necessários: ____________

Rubrica do gerente requisitante: ____________

Data de emissão: ____________

Data de admissão do candidato: ____________

Figura 2.4 – Exemplo de uma Requisição de Funcionário (RF).

todas as informações a respeito da vaga a ser preenchida e quais as características que deverá possuir o seu futuro ocupante. Assim, a RF funciona como um *starter* do processo e como informação sobre as características que o cargo requer do seu ocupante para proporcionar as bases tanto do processo de recrutamento como de seleção.

A partir do recebimento da RF, o órgão de recrutamento e seleção inicia o processo de recrutamento.

Análise das fontes de recrutamento

De posse da RF, o órgão de recrutamento e seleção analisa onde pode localizar os candidatos adequados ao preenchimento daquela oportunidade. Trata-se de analisar as prováveis fontes de recrutamento, isto é, onde recrutar os candidatos. Como o recrutamento não tem condições de envolver todo o mercado de RH, por ser impossível em função de sua enorme amplitude e diversidade, as fontes de recrutamento constituem os segmentos do mercado de RH onde poderão estar situados os candidatos prováveis ao processo de recrutamento. As fontes poderão ser tanto geográficas (cidades, bairros, locais etc.), como poderão ser os meios para se chegar até elas (jornais, revistas etc.).

Escolha das técnicas de recrutamento

Localizadas as fontes de recrutamento, a fase seguinte é a escolha das técnicas mais adequadas para informar os prováveis candidatos sobre a vaga existente na empresa e atraí-los. As técnicas de recrutamento serão analisadas mais adiante.

Escolha do conteúdo do recrutamento

O conteúdo do recrutamento é a mensagem que será transmitida aos prováveis candidatos através das técnicas de recrutamento, a fim de atraí-los e deixá-los interessados pela oportunidade oferecida.

Trata-se do conteúdo que será transmitido aos candidatos a respeito da vaga existente e dos aspectos relacionados a ela. Na medida em que o conteúdo do recrutamento for claro e explícito, tanto mais os candidatos que se apresentam estarão em conformidade com aquilo que a empresa pretende recrutar. O conteúdo deve ser estimulador e motivador para chamar a atenção e despertar o interesse dos candidatos.

Recepção e triagem dos candidatos

É a parte mais importante do recrutamento. É o momento de receber o candidato pessoalmente ou através de meios virtuais. Nesta etapa, trata-se de obter informações básicas a respeito do candidato: nome, idade, sexo, nacionalidade, estado civil, endereço, telefone, e-mail etc. Além disso, saber exatamente onde enquadrar cada candidato no rol de oportunidades que a empresa tem a oferecer ao mercado de RH, como área preferida, nível de atividade etc. A partir daí, registrar seus dados no banco de candidatos para futura comparação com outros candidatos por meio do processo seletivo que virá a seguir.

Muitas empresas aproveitam essa etapa para fazer a triagem dos candidatos, ou seja, avaliar previamente se o candidato tem condições de ser aproveitado no processo seletivo ou ser aproveitado em outras

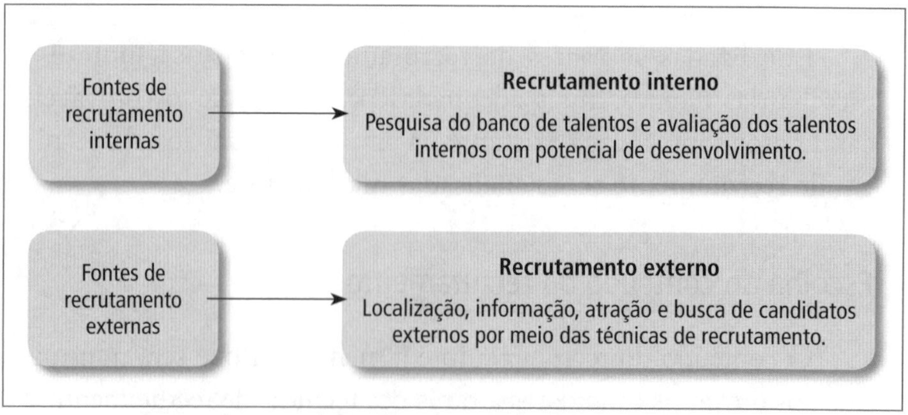

Figura 2.5 – Fontes de recrutamento.

oportunidades que venham a surgir, ou ser descartado definitivamente. A triagem costuma separar o joio do trigo.

Fontes de recrutamento

As fontes de recrutamento representam onde se pressupõe que estejam localizados os candidatos à oportunidade que a empresa pretende oferecer. Em outros termos, as fontes de recrutamento são os segmentos do mercado de RH que podem abastecer a empresa com os candidatos necessários à oportunidade em questão. Um recrutamento eficaz vai diretamente à fonte em que estão os candidatos e não fica atirando a esmo sem saber exatamente onde eles estão.

Nesse sentido, existem duas espécies de fontes de recrutamento: as internas (isto é, os próprios funcionários da empresa) e as externas (os candidatos que estão no mercado de mão de obra). Estamos falando de recrutamento interno e externo.

Recrutamento interno

Quando se trabalha com as fontes internas, ocorre o recrutamento interno. O recrutamento interno é o preenchimento das vagas da empresa através da promoção ou transferência de seus funcionários. As empresas que dão prioridade ao recrutamento interno são aquelas que proporcionam oportunidades de crescimento aos seus funcionários. É óbvio que o recrutamento interno traz vantagens como maior motivação entre o pessoal, quando todos sabem que podem crescer dentro da empresa por meio das oportunidades que surgem. O recrutamento interno traz outra vantagem, a de provocar uma competição sadia entre os colegas de trabalho que procuram preparar-se profissionalmente cada vez mais para conquistar as oportunidades. Mas o recrutamento interno impõe condições: ele exige da empresa programas de treinamento e desenvolvimento do pessoal para preparar os funcionários para oportunidades mais complexas.

Recrutamento externo

Quando se trabalha com as fontes externas ocorre o recrutamento externo. O recrutamento externo é o preenchimento das vagas da empresa por candidatos que são recrutados no mercado de recursos humanos. A grande vantagem do recrutamento externo é trazer sangue novo e experiências e ideias novas para a empresa. Mas quase sempre frustra as expectativas internas daqueles que foram relegados e exige do candidato admitido um tempo de adaptação à nova empresa e ao novo cargo. O recrutamento externo exige uma variedade de técnicas de recrutamento, das quais nos ocuparemos a seguir.

Técnicas de recrutamento

As técnicas de recrutamento são as maneiras pelas quais o recrutamento é feito. Em outros termos, são os meios pelos quais a empresa informa ao mercado de mão de obra que dispõe de vagas a serem preenchidas.

As principais técnicas de recrutamento são as seguintes:

Apresentação de candidatos pelos funcionários da empresa

É uma técnica de recrutamento muito difundida e extremamente simples e barata, pois não envolve gastos ou despesas pela empresa. Trata-se de estimular os funcionários da empresa a apresentar pessoas de suas relações pessoais como candidatos às oportunidades oferecidas pela empresa. O único investimento da empresa são as comunicações através de editais internos das vagas que surgem para que os funcionários possam trazer seus amigos e conhecidos para a apresentação inicial. Quando um funcionário apresenta algum amigo ou conhecido, ele se torna psicologicamente responsável pelo seu sucesso frente à empresa e aos colegas. E se torna intimamente satisfeito em proporcionar oportunidades a amigos e conhecidos e ao mesmo tempo feliz por ter sido atendido pela empresa. Isso cria na empresa um incrível sentimento de solidariedade. Afinal, referências pessoais de funcionários costumam ser encaradas como um atestado importante para qualquer candidato.

Cartazes na portaria da empresa

Muitas empresas colocam cartazes em suas portarias ou em locais de trabalho visíveis que possam ser facilmente lidos pelas pessoas de fora ou pelos funcionários que transitam pelas imediações.

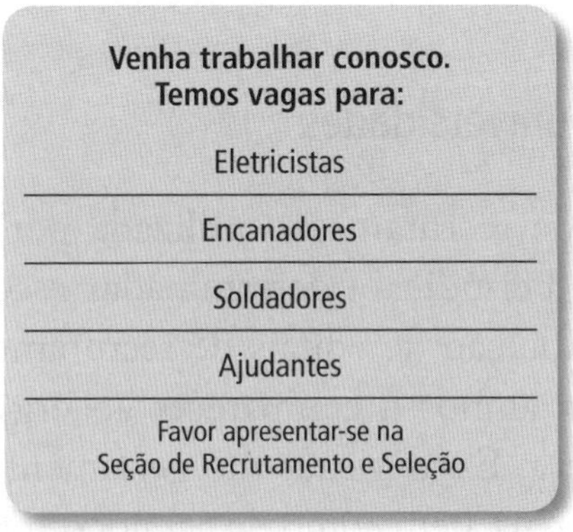

Figura 2.6 – Exemplo de cartaz de portaria como técnica de recrutamento.

Banco de candidatos

É a técnica de recrutamento mais eficaz e uma das mais utilizadas. Na medida em que surgem candidatos e não são aproveitados por alguma razão, o órgão de recrutamento e seleção arquiva e cataloga seus dados pessoais para futuras oportunidades. Assim, surge o banco ou arquivo de candidatos. A classificação dos candidatos nesse banco geralmente é feita por dois caminhos: de um lado, o cargo desejado e, do outro, o sobrenome e o nome do candidato. Quando surge uma oportunidade, a primeira tarefa do órgão de recrutamento e seleção é consultar o banco de candidatos para verificar se existe algum candidato disponível para aquela oportunidade. Assim, as demais técnicas de recrutamento somente serão ativadas quando não houver algum candidato em estoque no banco ou arquivo de candidatos.

Todavia, o banco de candidatos precisa ser continuamente atualizado, pois muitos deles mudam de endereço, assumem outros empregos ou crescem profissionalmente ocupando atividades diferentes ou mais sofisticadas. Assim, a atualização do banco de dados requer contatos contínuos – por telefonemas, e-mails etc. – com os candidatos para possíveis alterações em seus conteúdos. Esses contatos devem sempre ser estimuladores para manter o desejo dos candidatos em ingressar futuramente na empresa.

Visita a escolas e universidades

Uma técnica de recrutamento utilizada por empresas de grande porte é a visita periódica a determinadas escolas e universidades da região e a distribuição de editais de recrutamento em seus recintos, convocando os alunos a comparecer ao órgão de recrutamento e seleção da empresa. Essas visitas são geralmente acompanhadas de palestras e audiovisuais, bem como de catálogos ou revistas aos alunos para demonstrar as oportunidades de desenvolvimento na empresa.

Anúncios em jornais ou revistas

Talvez seja a mais conhecida das técnicas de recrutamento. Nesse caso, o veículo do recrutamento é o jornal ou a revista que costuma ser lido pelo candidato real ou potencial à oportunidade existente. Os anúncios em jornais ou revistas são caros e seu impacto é de curta duração, no máximo uma semana. Geralmente, as oportunidades mais importantes ou prioritárias da empresa é que são direcionadas para anúncios em jornais ou revistas. Alguns anúncios são explícitos e contêm o nome da empresa, quando a sua marca e imagem são fortes e servem como um forte atrativo. Outros anúncios – quando o recrutamento é confidencial por algum motivo – omitem o nome da empresa e solicitam resposta para um e-mail ou site criado exclusivamente para isso. A partir daí, as respostas são analisadas e catalogadas para uma convocação do candidato – por telefonema ou e-mail – para comparecer à empresa.

Agências ou empresas de recrutamento

As agências de recrutamento são empresas prestadoras de serviços especializados em recrutamento de pessoal. Elas praticamente substituem os órgãos de recrutamento e seleção de pessoas das empresas no processo de recrutamento. Existem agências de recrutamento especializadas nas mais diversas modalidades de candidatos: agências de recrutamento de executivos de alto nível, engenheiros, secretárias, pessoal de escritório, ferramenteiros, operários etc.

O primeiro contato da empresa para solicitar os serviços de uma agência de recrutamento busca comunicar a oportunidade que está sendo oferecida, dados sobre a empresa e suas políticas e cultura e as características desejáveis dos candidatos a ser encaminhados pela agência. O restante cabe à agência: a consulta aos seus bancos ou arquivos de candidatos, aplicação de técnicas de recrutamento se não houver estoque de candidatos adequados, entrevista inicial de triagem, outras entrevistas técnicas e encaminhamento de candidatos finalistas à empresa solicitante. Em alguns casos, a adoção de agências ou empresas de recrutamento costuma ser a técnica de recrutamento mais rápida e que menos envolve a empresa que possui a oportunidade a ser oferecida e preenchida. Contudo, é uma das alternativas mais caras, pois os serviços de uma agência de recrutamento podem envolver anúncios em jornais e revistas, tempo de entrevistas de triagem e de seleção, aplicação de testes, redação dos pareceres a respeito dos candidatos e contatos com a empresa solicitante no sentido de proporcionar informações sobre os candidatos e até viagens de recrutamento a outras cidades. Todas essas atividades são remuneradas e a agência recebe uma porcentagem sobre o salário anual do candidato escolhido, além de outras despesas efetuadas.

Recrutamento virtual

Sem dúvida alguma, o recrutamento virtual está em alta. Ao invés de solicitar cartas dos candidatos à empresa ou o seu comparecimento ao órgão de recrutamento e seleção, a internet está facilitando a vida das empresas e dos candidatos. Atualmente, a maioria das empresas disponibilizam sites nos quais os candidatos podem se inscrever, preenchendo o seu currículo, e aguardar a resposta da empresa por e-mail. Em muitos casos, o recrutamento virtual inclui, após o recebimento do currículo do candidato, uma triagem para avaliar se o candidato preenche as condições mínimas para dar continuidade ao processo seletivo. Isso significa uma pré-seleção que elimina candidatos cujo perfil se afasta do desejado pela empresa e abre as portas apenas para aqueles com mais aderência às qualificações e competências desejadas. Algumas empresas ainda incluem um segundo contato pela internet com os candidatos pré-selecionados ou que passaram pela triagem e realizam uma entrevista virtual.

Quando o candidato selecionado é convidado a comparecer à empresa, parte do processo seletivo já está em andamento.

Técnicas conjuntas de recrutamento

Geralmente, quando surge uma oportunidade na empresa, o órgão de recrutamento e seleção utiliza mais de uma das técnicas de recrutamento anteriormente mencionadas. A criatividade das empresas quanto à utilização de técnicas de recrutamento é realmente incrível: algumas empresas de construção civil utilizam caminhonetes dotadas de sistema de som e escritório volante para recrutar operários braçais em determinados bairros distantes da cidade, conduzindo-os depois para os canteiros de obras em que ficarão alojados durante toda a obra. Outras empresas fazem campanhas de recrutamento em outras cidades, instalam os recrutadores em hotéis e utilizam emissoras de rádio e jornais locais para divulgação. Algumas empresas fazem do anúncio no jornal uma espécie de formulário de pedido de emprego que o candidato preenche e envia pelo correio.

A IMPORTÂNCIA DO CURRÍCULO

O currículo constitui uma folha de vida ou história profissional do candidato. Em geral, funciona como um cartão de visitas. No início do processo seletivo, quando o candidato ainda não compareceu à empresa, o currículo funciona como a embalagem do seu produto: o próprio candidato. O currículo deve envolver os seguintes aspectos básicos:

1) *Objetivo básico*: o currículo deve identificar precisamente qual é a posição ou cargo desejado pelo candidato ou a área de atividade em que pretende trabalhar.

José Alcântara, 23 anos, brasileiro, solteiro
Rua José Bonifácio, 33 – Santos – SP – 10305-100 – (013) 3456-7890
jalcantara@hotmail.com.br

Objetivo: Gerente de Estoque

Escolaridade: Faculdade de Administração da UPJC – administrador e pós-graduado em Suprimentos.

Experiência Profissional: Gerente de Estoque na Emplasal – 2004-2009, na qual reduziu os materiais em vias em 10% e reduziu custos de estocagem em 15%
Supervisor de Almoxarifado na Bicunha – 1999-2004, na qual reformulou a gestão de materiais promovendo um aumento de 8% na produtividade da fábrica.

Competências: Conhecimento de toda a área de suprimentos, domínio do Pacote Office, raciocínio lógico, facilidade de relacionamento, liderança e espírito de equipe.

Figura 2.7 – Exemplo típico de um currículo.

2) *Dados pessoais*: endereço, e-mail ou telefone, idade, sexo e estado civil.
3) *Formação*: cursos feitos ou em andamento, instituições de ensino em que estudou ou estuda e quando, além de outros cursos de especialização, línguas, computação etc. e participação em congressos ou eventos.
4) *Histórico profissional*: relato das empresas em que trabalhou ou está trabalhando, cargos ocupados, datas de admissão e demissão, atividades e projetos desenvolvidos e, principalmente, resultados conquistados.
5) *Competências*: conhecimentos e habilidades aprendidos e aplicados, idiomas, espírito de equipe, liderança, comunicação etc.

O currículo não pode ser extenso ou chato, pois é meramente introdutório, para ser lido em segundos e dar uma impressão geral a respeito do perfil do candidato. O ideal é que ocupe uma ou, no máximo, duas páginas. Precisa ser uma peça vendedora, isto é, que ganhe a atenção e o interesse do recrutador, mas sem exagero.

> Lembre-se de que o recrutador recebe vários currículos por dia e seu trabalho inicial é o de analisar rapidamente e catalogar aqueles que lhe parecem ser os mais adequados às oportunidades que a empresa está oferecendo. É claro que uma empresa com excelente imagem no mercado recebe uma enorme quantidade de currículos. A Google americana, por exemplo, recebe mais de 300 mil por mês, via internet. Assim, é importante que o currículo seja uma peça agradável, sobressaia sobre os demais e atraia a atenção do recrutador.

Questões para revisão

1) O que é meio ambiente?
2) Qual é a relação entre meio ambiente e mercado?
3) Qual é o antigo conceito de mercado?
4) O que significa, hoje, o conceito de mercado?
5) Quais são as três situações do mercado?

6) O que é mercado de trabalho?
7) Explique o mercado de trabalho em situação de oferta.
8) Explique o mercado de trabalho em situação de procura.
9) O que é mercado de RH?
10) Qual é a relação entre o mercado de RH e o mercado de trabalho?
11) Explique o mercado de RH em situação de oferta.
12) Explique o mercado de RH em situação de procura.
13) Qual é a diferença entre candidato real e candidato potencial?
14) Descreva o conceito de recrutamento.
15) Qual é a finalidade do recrutamento?
16) Qual é a diferença entre recrutamento e seleção de pessoal?
17) Qual é a importância do recrutamento?
18) O que significa continuidade no recrutamento? Para que serve?
19) O que significa atratividade no recrutamento?
20) Quais são as fases do recrutamento?
21) Qual é a fase que corresponde à pergunta "quais são as vagas a preencher"?
22) O que é requisição de funcionário?
23) Qual é a fase que corresponde à pergunta "onde estão os candidatos"?
24) Qual é a fase que corresponde à pergunta "como informar os candidatos"?
25) Qual é a fase que corresponde à pergunta "como atrair os candidatos"?
26) O que são fontes de recrutamento?
27) Quais são as espécies de fontes de recrutamento?
28) Qual é a diferença entre recrutamento interno e recrutamento externo?
29) Quais são as vantagens do recrutamento interno e em que condições podem ser utilizadas?
30) Quais são as vantagens do recrutamento externo e quais são as frustrações que pode provocar?

31) Quais são as principais técnicas de recrutamento?
32) O que significa arquivo de candidatos e como pode ser feito?
33) O que significa apresentação de candidatos pelos funcionários?
34) Descreva o anúncio em jornal ou revista como técnica de recrutamento.
35) Descreva a visita a instituições de ensino e os cartazes na portaria como técnica de recrutamento.
36) O que são agências de recrutamento?
37) Descreva o recrutamento virtual.
38) Explique o conteúdo de um currículo.

Exercícios

1) Imagine a empresa na qual você trabalha ou a instituição de ensino em que estuda. A secretaria é constituída de um secretário, cinco auxiliares de escritório, duas atendentes de guichê, duas arquivistas e quatro digitadoras. Ocorre que duas auxiliares de escritório e uma arquivista pediram demissão e precisam ser rapidamente substituídas. Faça um plano de recrutamento, de acordo com o que você viu neste capítulo, para o caso.
2) Ainda pensando na empresa na qual você trabalha ou na instituição de ensino em que estuda. A tesouraria é constituída de um tesoureiro, dois caixas, dois arquivistas e três digitadoras. Um caixa pediu demissão. Elabore um plano de recrutamento – no caso, recrutamento interno – para substituí-lo.
3) Para a mesma empresa ou instituição de ensino, apresente um plano de recrutamento interno e externo que possa ser utilizado para todas as futuras possíveis oportunidades.
4) Elabore o seu currículo.

Capítulo

3 Seleção de pessoal

Tópicos deste capítulo

- Conceito de seleção de pessoal
- Finalidade e importância da seleção de pessoal
- Técnicas de seleção de pessoal
- Fases do processo seletivo
- Avaliação dos resultados do processo seletivo
- Questões para revisão
- Exercícios

O recrutamento de pessoal incentiva os candidatos a se apresentarem (quando o recrutamento é externo) ou localiza-os e identifica-os dentro da empresa (quando o recrutamento é interno). A partir daí surge a pergunta: como saber se os candidatos atraídos pelo recrutamento – tanto externo quanto interno – são aptos ou adequados para a oportunidade oferecida? E quando o recrutamento atrai muitos candidatos, como saber quais deles deverão ser considerados aptos ou adequados? Em outras palavras, como escolher ou selecionar os candidatos? A resposta está na seleção de pessoal.

Enquanto o recrutamento é uma atividade convidativa e atraente, a seleção é uma atividade de escolha, ou seja, de aceitação ou rejeição de um candidato. O recrutamento atrai os candidatos, a seleção escolhe os mais adequados às oportunidades existentes na empresa. Na verdade, o recrutamento abastece a seleção dos candidatos necessários para que a empresa possa escolher e identificar aqueles que irão preencher as oportunidades oferecidas. Contudo, não se trata da quantidade, mas, sobretudo, da qualidade dos candidatos atraídos pelo recrutamento.

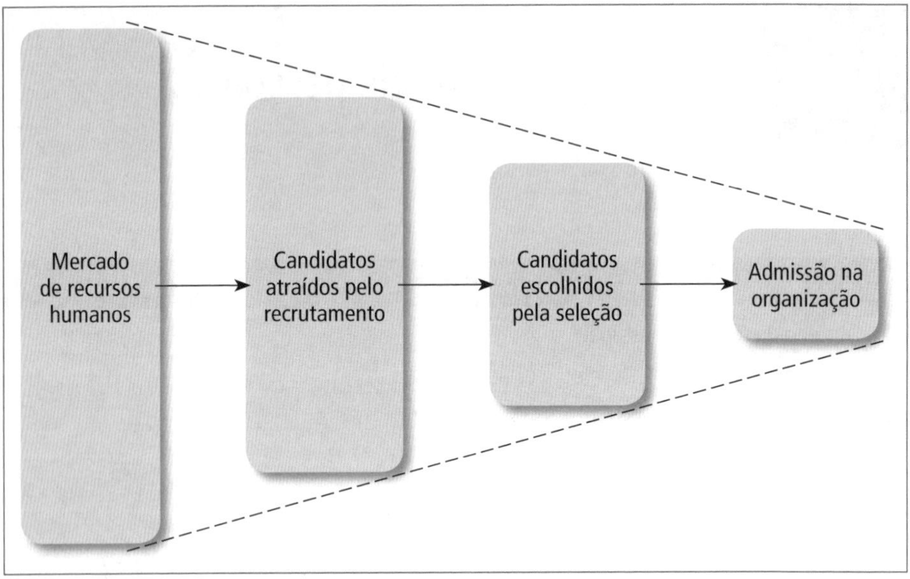

Figura 3.1 – O papel do recrutamento e da seleção de pessoas.

Conceito de seleção de pessoal

Seleção é o processo de avaliação de candidatos para assegurar a escolha do mais apto ao trabalho. Assim, a seleção de pessoas é, ao mesmo tempo, uma comparação e uma escolha. E termina com uma decisão. Para que possa ser científica e alcançar certa precisão, ela precisa estar baseada nas características pessoais que a oportunidade oferecida exige do seu futuro ocupante. É o que chamaremos de exigências do cargo. Assim, o primeiro cuidado ao fazer a seleção de pessoas é conhecer quais são as exigências do cargo a ser preenchido ou quais são as competências requeridas pela organização. A seguir, faz-se a comparação de cada candidato com as exigências do cargo ou com as competências requeridas e a decisão de escolha do candidato mais adequado que atenda a todas aquelas exigências organizacionais (Figura 3.2).

Assim, a seleção de pessoas é uma comparação entre as qualificações ou as competências de cada candidato e as exigências do cargo ou as competências requeridas pela empresa, e é também uma escolha, dentre

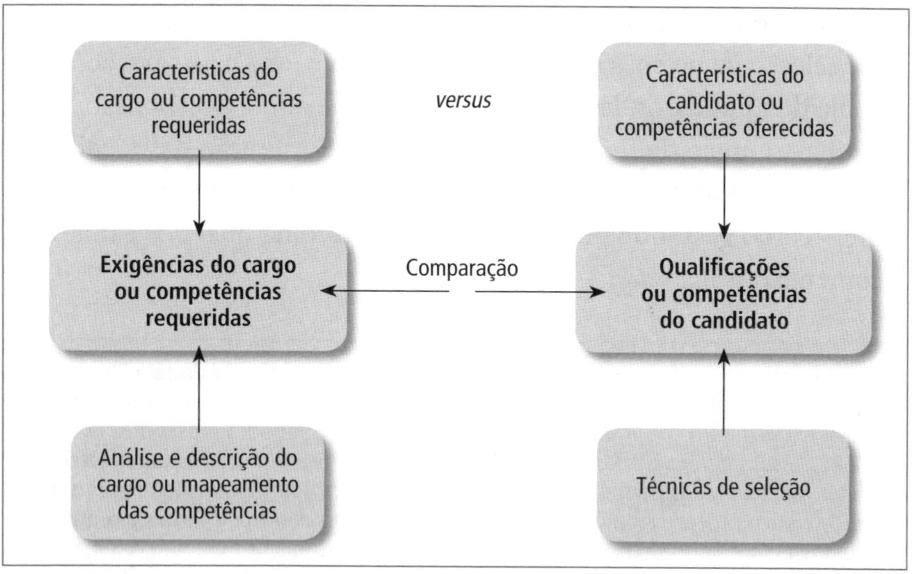

Figura 3.2 – A seleção de pessoal como uma comparação.

os vários candidatos comparados, daquele que apresentar as qualificações mais adequadas ao cargo vago ou às competências requeridas pela empresa. Para tanto, torna-se necessária a aplicação de técnicas de seleção de pessoas. A maioria dessas técnicas de seleção é aplicada por especialistas do órgão de recrutamento e seleção da empresa ou por prestadores de serviços externos.

Nesse sentido, a seleção de pessoas – da mesma forma que a natureza da ARH – é uma responsabilidade de linha e uma função de *staff*. A seleção de pessoas é uma função de *staff*, pois as técnicas de seleção são aplicadas pelo órgão de recrutamento e seleção, como uma prestação de serviços aos vários órgãos da empresa. Mas o órgão de recrutamento e seleção apenas presta os serviços de aplicação das técnicas de seleção e recomenda os candidatos ao executivo do órgão requisitante. Assim, a seleção de pessoas é também uma responsabilidade de linha, porque quem faz a escolha final do candidato é o próprio gerente do órgão requisitante, a quem cabe a decisão sobre o assunto, ou seja, a decisão de linha.

Com todos esses ingredientes, pode-se dizer que o moderno conceito de seleção de pessoas é o seguinte: a seleção é uma comparação e uma escolha de candidatos. Isso envolve a função de *staff* e a responsabilidade de linha. O órgão de *staff* presta os serviços de aplicação das técnicas de seleção comparando os candidatos enquanto o gerente do órgão requisitante – como gestor de pessoas – procede à escolha final dos candidatos recomendados pelo *staff*.

> No fundo, a seleção de pessoas se assemelha ao controle de qualidade utilizado nas empresas. O controle de qualidade é uma inspeção das peças produzidas para avaliar se elas estão dentro dos limites de tolerância em relação aos padrões exigidos. Quando as peças estão dentro desses limites, elas são aceitas. Porém, se elas estão abaixo dos limites, são rejeitadas por não aderência aos padrões mínimos. Assim também, o processo seletivo procura identificar se os candidatos estão dentro da faixa de requisitos exigidos pela empresa. Os candidatos que estão abaixo dessa faixa são rejeitados e ficam aguardando outras oportunidades de menor exigência, enquanto aqueles que estão acima dessa faixa serão encaminhados para oportunidades que exigem maiores qualificações ou competências.

Finalidade e importância da seleção de pessoal

A finalidade da seleção de pessoas é escolher os candidatos mais adequados às oportunidades oferecidas pela empresa. Nem sempre o candidato mais adequado é aquele que possui as maiores qualificações. A adequação de um candidato a um determinado cargo requer as qualificações exatas, nem a mais, nem a menos. Um candidato com qualificações elevadas seria indicado para um cargo mais elevado, pois dificilmente se adaptaria a um cargo que pouco exige do seu repertório de competências ou que lhe pagasse menos do que realmente merece. A seleção de pessoas cumpre a sua finalidade quando coloca, nos cargos existentes na empresa, os ocupantes adequados às suas necessidades e que podem, na medida em que adquirem maiores competências, ser promovidos para cargos mais elevados e que exigem maiores conhecimentos, habilidades e competências.

Importância e vantagens do processo seletivo

A importância da seleção de pessoas pode ser visualizada sob dois aspectos diferentes. A seleção é importante para a empresa na medida em que a supre das pessoas com as qualificações e competências adequadas ao seu funcionamento. Ela traz as seguintes vantagens para a empresa:

1) Pessoas adequadas aos cargos ou que possuem as competências necessárias exigem menor treinamento.
2) Menor tempo de adaptação ao cargo.
3) Proporcionam maior produtividade e eficiência.
4) As pessoas competentes se mostram mais integradas ao negócio da empresa.
5) Elas alinham seus objetivos pessoais aos objetivos organizacionais.

Por outro lado, a seleção é importante para as pessoas, uma vez que lhes fornece o cargo mais adequado e de acordo com suas características pessoais. Isso significa as seguintes vantagens para as pessoas:

1) Pessoas mais satisfeitas com seu trabalho.
2) Melhor integradas com a empresa.
3) Mais produtivas e com melhor qualidade no trabalho.
4) Permanecem por mais tempo na empresa.
5) Desenvolvem carreira na empresa através de constantes promoções.

TÉCNICAS DE SELEÇÃO DE PESSOAL

Para ter base científica e racional, a seleção de pessoas deve apoiar-se em técnicas. As técnicas de seleção são os meios através dos quais se busca informação relevante a respeito do candidato e de suas características pessoais. Em outras palavras, as técnicas de seleção visam a fornecer informações objetivas sobre qualificações e características dos candidatos que demandariam muito tempo para serem obtidas por meio da simples observação diária de seu trabalho. As técnicas de seleção procuram proporcionar em uma rápida amostra do comportamento dos candidatos um conjunto de informações que pode ser profundo e preciso, dependendo da qualidade das técnicas e dos profissionais que as utilizam. Para tanto, muitas técnicas de seleção somente podem ser aplicadas por psicólogos, que fornecem laudos a respeito dos seus resultados.

> Imagine que você faça uma consulta com um médico. A primeira tarefa do médico é fazer um diagnóstico do paciente. Parte desse diagnóstico é feita por meio de perguntas iniciais (entrevista) e, depois, por exames convencionais, como medida da pressão arterial, auscultação dos pulmões, observação do paciente etc. Outra parte do diagnóstico é feita por meio de exames laboratoriais, como exame de sangue ou urina, imagens, ultrassonografias, ressonância magnética etc. Com o diagnóstico, o médico adquire informação suficiente para conhecer o paciente e tomar alguma decisão a respeito do futuro de sua saúde. Isso tudo representa colheita de dados em um determinado instante da vida do paciente. O mesmo ocorre com a seleção de pessoas. Ela também é um diagnóstico do candidato que é feito por meio de entrevistas e exames (questionários, provas, testes etc.). Com tudo isso, a seleção proporciona a decisão sobre o futuro do candidato: se será aceito ou rejeitado para a oportunidade que lhe é oferecida. Na verdade, além do diagnóstico atual, a seleção também oferece um prognóstico para o futuro da pessoa na empresa.

As técnicas de seleção podem ser assim classificadas: entrevista de seleção, provas de conhecimentos ou de capacidade, testes psicológicos e técnicas de simulação (Figura 3.3).

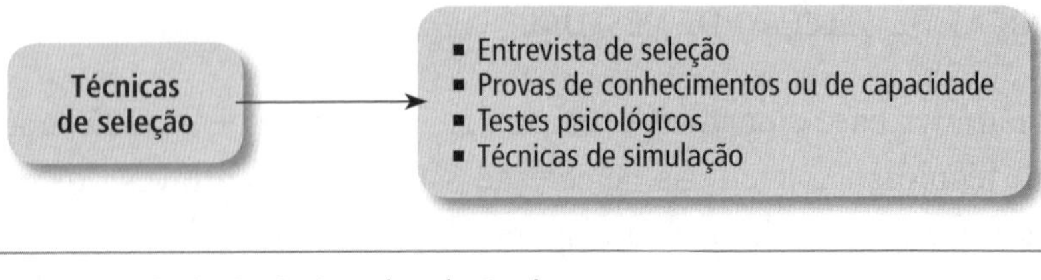

Figura 3.3 – As principais técnicas de seleção de pessoas.

Vejamos rapidamente cada uma das técnicas de seleção.

Entrevista de seleção

É a técnica de seleção mais utilizada e conhecida. Trata-se de efetuar perguntas previamente programadas ao candidato e anotar suas respostas ou parte delas. As perguntas (ações ou entradas) provocam respostas (reações ou saídas) que ajudam a conhecer melhor o candidato, seja quanto às suas características pessoais, seja quanto aos seus conhecimentos, experiências e competências. Assim, a entrevista de seleção permite dois tipos de conhecimento: as características pessoais – tipo de comportamento, atitude, maneira de pensar e de agir, flexibilidade, relacionamento interpessoal, maturidade emocional etc. – e seus conhecimentos, suas experiências e suas competências – o que já fez na vida profissional, como realizou suas atividades, qual o progresso, quais os resultados alcançados etc. (Figura 3.4)

Para ser objetiva, a entrevista precisa ser convenientemente planejada:

1) O local em que será realizada deve ser tranquilo e discreto.
2) Perguntas devem ser preparadas previamente e com antecedência.

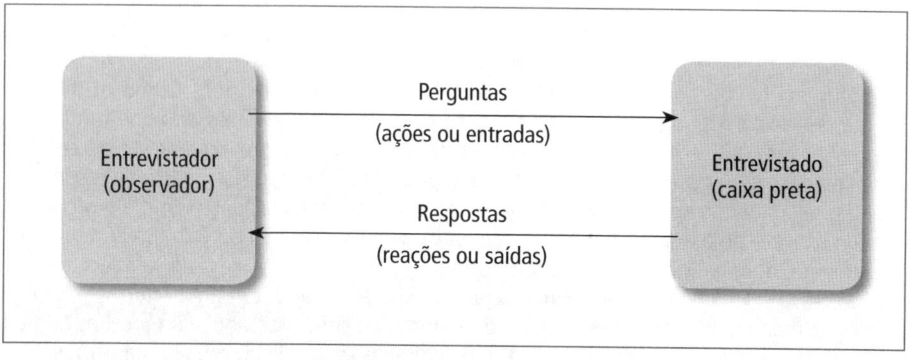

Figura 3.4 – A entrevista como uma técnica de seleção de pessoal.

3) Anotações devem ser resumidas, pois não se pode confiar na memória.
4) A conduta do entrevistador deve ser neutra, mas inspirando confiança e incentivando o candidato.

Em resumo, a entrevista deve ser realizada com um objetivo: avaliar com certa precisão se o candidato está apto para o cargo oferecido ou se tem as competências requeridas pela empresa.

Contudo, apesar de ser universalmente aplicada, a entrevista constitui a técnica de seleção mais imprecisa e subjetiva. Imprecisa, porque quase sempre a entrevista avalia a adequação do candidato ao cargo de maneira muito vaga e superficial. Subjetiva, porque é influenciada por preferências pessoais ou por preconceitos inconscientes do entrevistador. Se estes dois aspectos negativos da entrevista – imprecisão e subjetividade – forem afastados ou neutralizados, ela poderá se tornar a técnica de seleção mais rápida e barata que se possa imaginar.

Para reduzir a subjetividade, as entrevistas podem ser programadas – ao contrário das entrevistas livres e não programadas –, contendo uma listagem de perguntas que o entrevistador deve fazer aos candidatos. Em muitos casos, essa listagem se transforma em um questionário para que o entrevistador o preencha no decorrer da entrevista ou após seu término. O questionário deve ser elaborado no sentido de proporcionar comparações entre os vários candidatos entrevistados.

Um dos maiores desafios da ARH é o de preparar entrevistadores. Como a ARH é uma responsabilidade de linha e uma função de *staff*, torna-se necessário que tanto os especialistas de RH – entrevistadores de recrutamento e de seleção – quanto os gerentes de linha, os quais deverão entrevistar os candidatos finalistas e tomar decisões a respeito deles, sejam bem treinados para utilizar tal técnica com eficácia. Quase sempre o problema maior é o de treinar e preparar os gerentes de linha para utilizar adequadamente a entrevista, pois, em geral, eles não têm formação para tanto. Não se pode esquecer que o processo seletivo – por melhor que seja – não pode esbarrar em uma entrevista final feita de maneira inadequada por parte do gerente de linha. Isso anularia todo um bom trabalho de *staff*. É bom lembrar que toda a corrente se rompe no seu elo mais frágil.

Provas de conhecimentos ou de capacidade

As provas de conhecimentos ou de capacidade são técnicas de seleção que procuram avaliar conhecimentos ou habilidades dos candidatos por meio de questões dissertativas. São técnicas muito utilizadas nas escolas e nas universidades para avaliar os conhecimentos dos alunos e o aproveitamento escolar. Como o próprio nome indica, as provas podem ser organizadas para avaliar conhecimentos exigidos pelo cargo (como conhecimentos de português, inglês, contabilidade, tesouraria etc.) ou para avaliar capacidades e habilidades (como habilidade de redação, digitação, direção de um veículo, tornear uma peça, construir um molde etc.).

As provas de conhecimentos ou de capacidade podem ser de dois tipos:

1) *Provas dissertativas ou tradicionais*: são feitas em forma de questões ou perguntas abrangentes que requerem respostas escritas e igualmente abrangentes.
    a) Vantagens: não precisam ser planejadas, podendo ser improvisadas no momento do exame. Assim, são técnicas relativamente baratas.
    b) Desvantagens: exigem longo tempo para o candidato respondê-las, fazendo que sua execução seja demorada; exigem longo tempo para aferição e correção; sua aferição e correção precisam ser feitas por um especialista no assunto; e são subjetivas, porque dois especialistas no assunto dificilmente avaliariam a prova dissertativa da mesma maneira.
2) *Provas objetivas ou em forma de testes*: são feitas por meio de perguntas ou questões objetivas e requerem respostas padronizadas. Os tipos de testes ou provas objetivas são os seguintes:

Preenchimento de lacunas. Ex.:

1. Quem descobriu o Brasil foi: ______________________________
2. A América foi descoberta por ______________________________
   em ______/______
3. A capital da Itália é: ______________________________

Respostas alternativas simples. Ex.:

1. O Brasil foi descoberto por Cabral.
   (a) Certo
   (b) Errado
2. A América foi descoberta por Colombo em 1398.
   (a) Certo
   (b) Errado
3. A capital da Itália é Roma.
   (a) Certo
   (b) Errado

Respostas alternativas múltiplas. Ex.:

1. O Brasil foi descoberto por:
   (a) Cabral
   (b) Colombo
   (c) Pero Vaz de Caminha
2. A América foi descoberta por:
   (a) Cabral
   (b) Colombo
   (c) Pero Vaz de Caminha
3. A capital da Itália é:
   (a) Paris
   (b) Londres
   (c) Roma

a) Vantagens: a aplicação do teste é rápida, pois o candidato faz o teste em pouquíssimo tempo; sua aferição e correção são rápidas, pois podem ser feitas mediante uma chave de avaliação; a aferição e a correção podem ser feitas por qualquer pessoa mesmo que desconheça o assunto; a aferição e correção são objetivas e precisas, pois diferentes pessoas avaliarão o teste da mesma maneira.

b) Desvantagens: os testes não medem a capacidade de expressão do candidato e nem seus conhecimentos de língua portuguesa; são superficiais e não medem profundidade de conhecimentos; requerem planejamento e montagem prévia, o que demanda tempo e especialistas no assunto.

Testes psicológicos

Permitem a avaliação psicológica dos candidatos. São testes ou provas objetivas que visam a avaliar as aptidões e características psicológicas das pessoas. Aptidões são traços inatos (e, portanto, transmitidos hereditariamente) que as pessoas possuem e que quando descobertos podem ser transformados em habilidades ou capacidades pessoais. Uma aptidão significa uma predisposição natural, uma potencialidade ou uma facilidade inata para aprender alguma habilidade ou capacidade específica. A aptidão é o que torna um indivíduo apto ou que faz de uma pessoa um talento.

Os testes psicológicos em geral medem as seguintes aptidões:

- Inteligência geral.
- Aptidão para números ou habilidade numéria.
- Aptidão para palavras ou habilidade verbal.
- Aptidão para espaço ou habilidade espacial.
- Aptidão para detalhes ou habilidade burocrática.
- Aptidão para mecânica ou habilidade manual.

Os testes psicológicos são geralmente aplicados e aferidos por psicólogos que fornecem laudos a respeito dos resultados. São importantes para a seleção científica do pessoal porque proporcionam um conhecimento profundo sobre as potencialidades e aptidões das pessoas, aspectos que as provas tradicionais ou objetivas estão longe de fornecer. As provas tradicionais ou objetivas apenas pesquisam aspectos atuais daquilo que as pessoas podem fazer. Os testes psicológicos avaliam o potencial de desenvolvimento das pessoas e para onde poderão endereçar seus esforços para o futuro.

Técnicas de simulação

Simular significa representar alguma coisa ou fazer de conta. As técnicas de simulação constituem os meios através dos quais o candidato representa – como que teatralmente – o papel de ocupante de um determinado cargo vago na empresa frente a um grupo de candidatos. A principal das técnicas de simulação é a dramatização, na qual vários candidatos desempenham papéis simulando situações reais que o ocupante do cargo a ser preenchido deverá vivenciar. Um psicólogo facilitador e observador acompanha o jogo avaliando o desempenho de cada candidato e comparando sua adequação ao papel com os demais. A dramatização constitui excelente técnica de seleção nos cargos que exigem relacionamento ou contato pessoal com outras pessoas na empresa. Em geral, esta técnica recebe o nome de dinâmica de grupo pelo fato de analisar como os membros de um grupo eventual se comportam e quais as atitudes e características que cada um apresenta em uma situação simulada.

Fases do processo seletivo

Geralmente, o processo seletivo das pessoas para cargos mais simples exige uma ou duas técnicas de seleção. Porém, os cargos mais complexos envolvem quase que todas as técnicas anteriormente mencionadas, aplicadas em diferentes fases do processo. Algumas empresas utilizam o princípio da complexidade progressiva: aplicam, na primeira fase, as técnicas de seleção mais simples e baratas, como a entrevista, e vão progressivamente aplicando técnicas mais complexas e caras, na medida em que o candidato vai ultrapassando os gradativos obstáculos do processo seletivo. Quando o número de candidatos é muito grande, este princípio traz consideráveis economias no processo seletivo, em termos de tempo e de esforços, tanto para os candidatos como para a empresa.

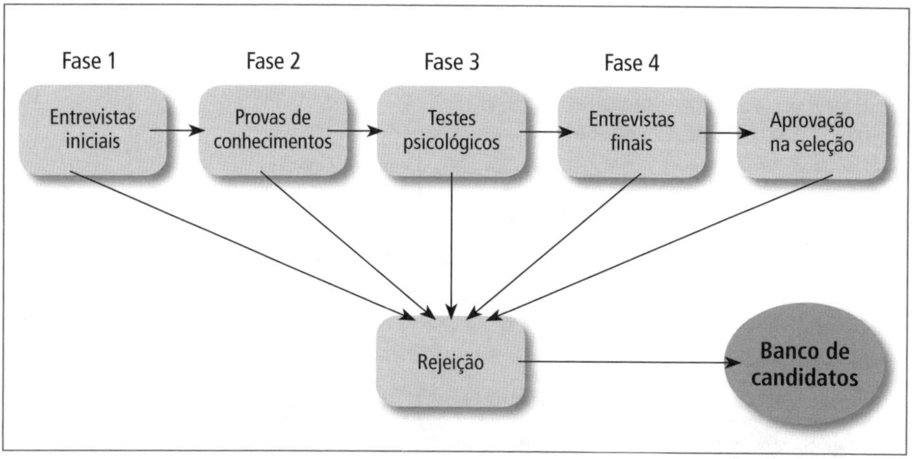

Figura 3.5 – A seleção como um processo de fases gradativas a serem vencidas pelos candidatos.

A seleção de pessoal funciona como uma sequência de fases que deverão ser vencidas pelos candidatos: primeiramente a entrevista inicial, depois as provas de conhecimentos ou de capacidade, os testes psicológicos e, por fim, a entrevista final. Na medida em que os candidatos são reprovados em qualquer dessas fases, são rejeitados. Os candidatos que forem aprovados em todas essas etapas serão recomendados ao gerente do órgão requisitante, o qual deverá decidir por um deles. Alguns gerentes entrevistam os candidatos aprovados na seleção e submetem-nos a provas na própria seção para poderem julgar melhor e exercer a sua autoridade de linha de tomar decisões (Figura 3.6).

Avaliação dos resultados do processo seletivo

Fazer seleção de pessoas custa caro, pois envolve custos operacionais sensíveis, além de tempo dos especialistas e dos gerentes. Porém, não fazer seleção de pessoas custa muito mais caro para a empresa.

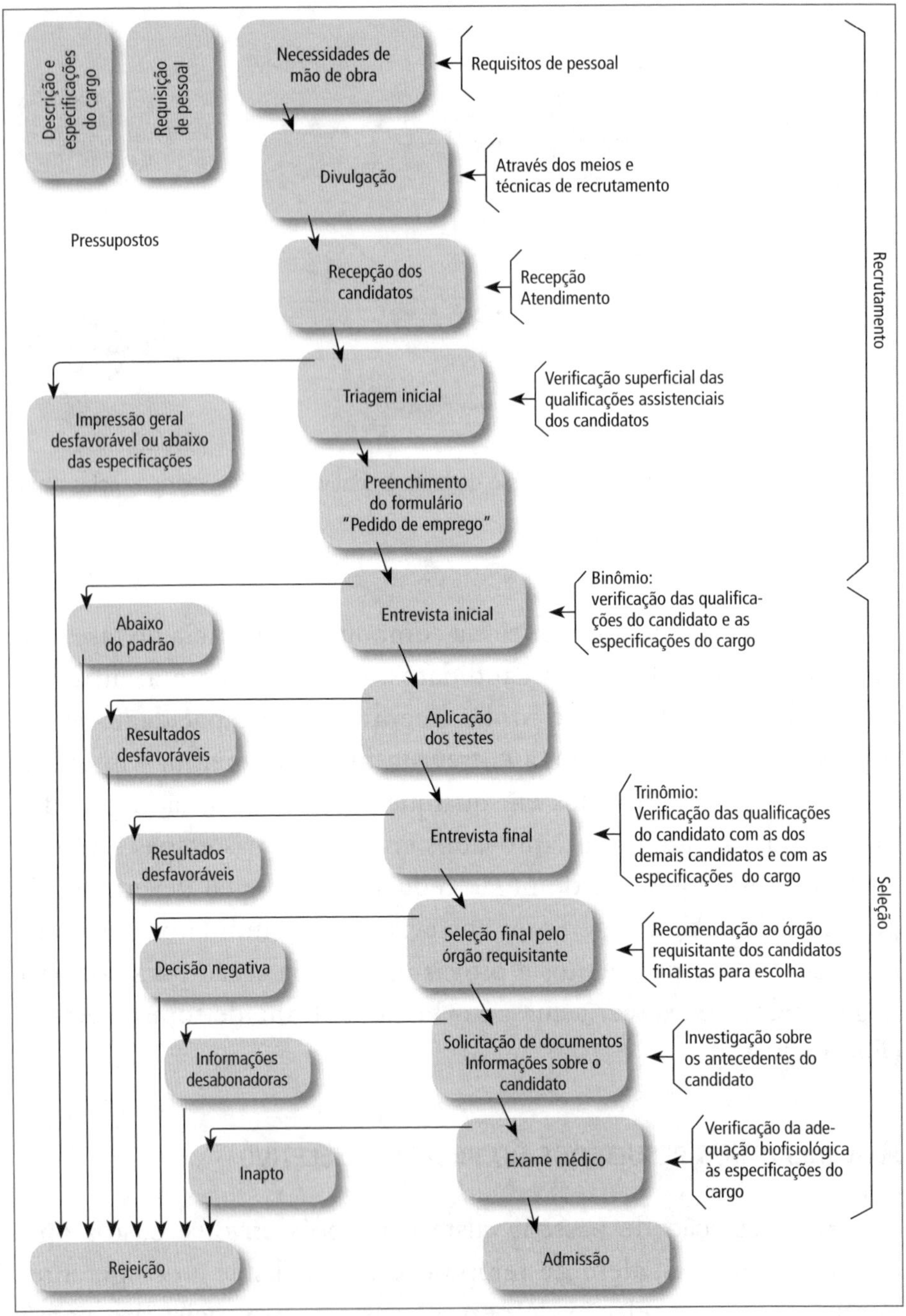

Figura 3.6 – Fluxograma de um processo convencional de recrutamento e seleção de pessoal.
Fonte: Uhrbrack (1996). p.231.

> Você já pensou no custo de uma admissão errada ou feita aleatoriamente? Quanto custa um gerente inadequado que toma decisões errôneas e prejudiciais para uma empresa? Que não sabe conduzir sua equipe e nem utilizar adequadamente os recursos disponíveis? Ou então, quanto custa prejudicar o negócio e criar uma péssima imagem no mercado? E quanto tempo a empresa leva para reconhecer o erro? E quanto tempo leva para substituí-lo por uma pessoa adequada? O custo de um processo seletivo precário e malfeito tem um preço elevadíssimo para a empresa e para o próprio candidato, que também é prejudicado em seu currículo.

Geralmente, um processo seletivo de boa qualidade proporciona os seguintes resultados, que podem ser avaliados no decorrer do tempo:

1) A seleção permite a adequação da pessoa ao cargo e à empresa, com decorrente satisfação da pessoa com o emprego e satisfação da empresa com seu pessoal.
2) A seleção permite rapidez na integração e no ajustamento do novo funcionário ao seu cargo e à cultura organizacional da empresa.
3) A seleção proporciona maior estabilidade do pessoal e redução da rotação de pessoal (*turnover*). Rotação de pessoal significa os desligamentos que provocam a necessidade de novas admissões de pessoas.
4) A seleção permite maiores rendimento e produtividade da pessoa pela sua capacidade no cargo e competências requeridas pela empresa.
5) A seleção permite redução nos índices de absenteísmo do pessoal. Absenteísmo é a quantidade de faltas e atrasos no trabalho e está intimamente relacionado com a insatisfação no trabalho e na empresa. Quando as pessoas estão satisfeitas com o que fazem, elas tendem a permanecer no emprego.
6) A seleção permite melhoria nas relações humanas no trabalho. A satisfação das pessoas promove bem-estar e facilita os relacionamentos com os colegas de trabalho (Figura 3.7).

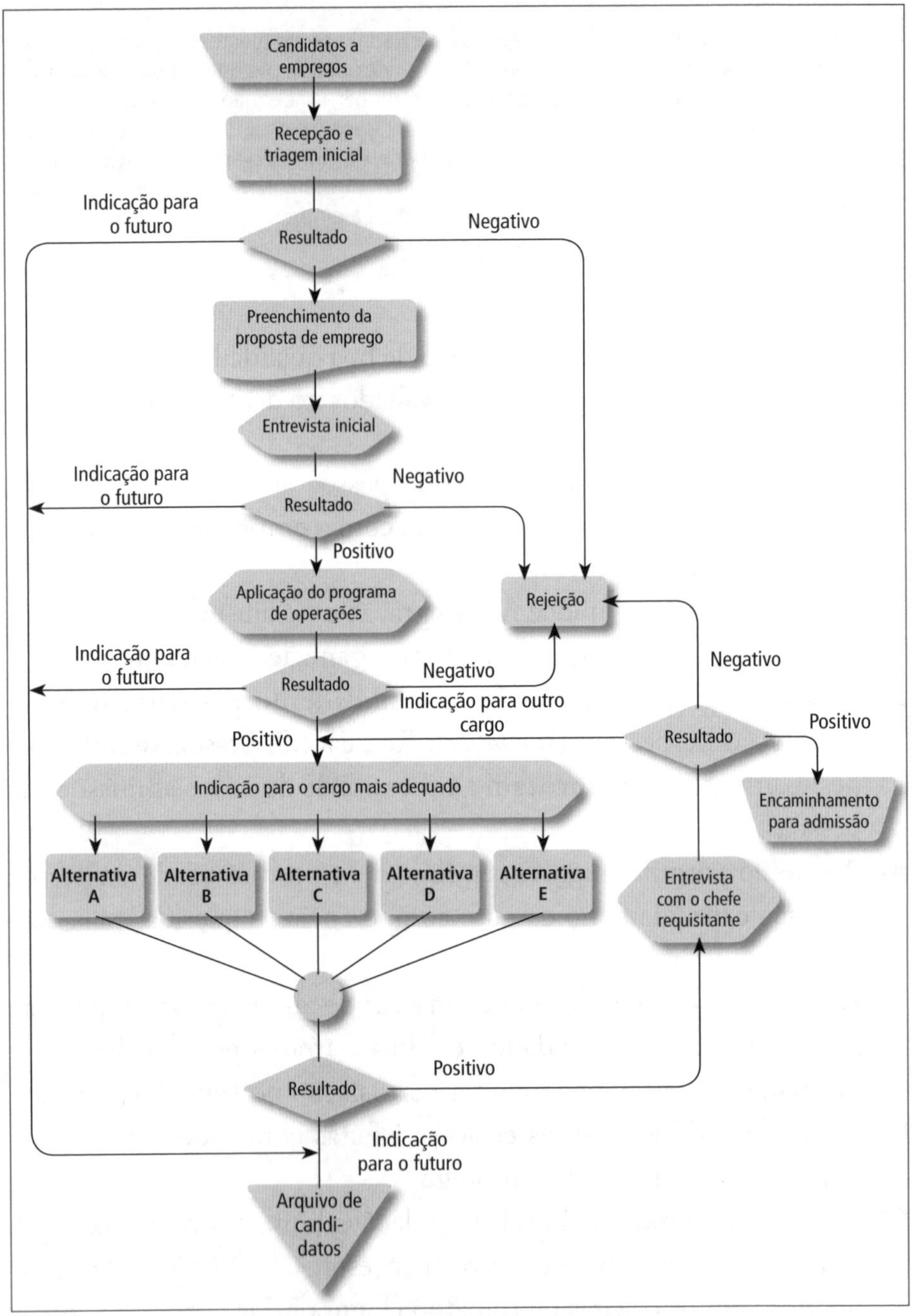

Figura 3.7 – Fluxograma de um processo sofisticado de recrutamento e seleção de pessoal.
Fonte: adaptada de Carelli (1973). p.9.

É por todas essas razões que, embora a seleção de pessoal tenha os seus custos, na realidade, ela significa um poderoso investimento que traz excelentes retornos à empresa. Daí, o fato de que as empresas, independentemente de seu tamanho ou de suas características, jamais deixam de utilizar a seleção de pessoal. Pelo fato de serem atividades intimamente interligadas, o recrutamento e a seleção são geralmente feitos por um só órgão, denominado recrutamento e seleção de pessoal.

Questões para revisão

1) Conceitue seleção de pessoal.
2) Explique a seleção de pessoal como responsabilidade de linha e função de *staff*.
3) Por que a seleção de pessoal é uma comparação e uma escolha?
4) Qual é o papel do recrutamento de pessoal para a seleção?
5) Compare o papel do recrutamento com o papel da seleção de pessoal.
6) Qual é a finalidade da seleção de pessoal?
7) Qual é a importância da seleção de pessoal?
8) Quais são as fases da seleção de pessoal?
9) O que significam as exigências do cargo a ser preenchido?
10) Qual é o moderno conceito de seleção de pessoal?
11) Descreva as técnicas de seleção.
12) O que é entrevista de seleção?
13) Por que a entrevista apresenta imprecisão e subjetividade?
14) O que a entrevista requer para ser objetiva?
15) O que são provas de conhecimentos ou de capacidade?
16) Quais são os tipos de provas de conhecimentos ou de capacidade?
17) O que são provas dissertativas?
18) Quais são as vantagens e desvantagens das provas dissertativas?
19) O que são provas objetivas ou em forma de testes?

20) Quais são as vantagens e desvantagens desse tipo de prova?
21) Quais são os tipos de testes de conhecimentos?
22) O que significa preenchimento de lacunas?
23) O que significa respostas alternativas simples ou múltiplas?
24) O que são testes psicológicos?
25) Defina aptidão.
26) Quais são os principais tipos de aptidões?
27) O que são técnicas de simulação?
28) Explique o princípio da complexidade gradativa.
29) Como funciona o processo de seleção em etapas sucessivas?
30) Explique o papel do gerente de linha no processo seletivo.
30) Quais são os resultados da seleção para a empresa e para o pessoal?
31) Por que o recrutamento e a seleção de pessoal são feitos por um só órgão?

Exercícios

1) Imagine que você seja indicado para transformar todas as perguntas dissertativas anteriormente expostas em provas objetivas na forma de teste. Experimente transformá-las em tipos de testes como preenchimento de lacunas, respostas alternativas simples e respostas alternativas múltiplas.
2) Faça de conta que sua empresa ou sua instituição de ensino tem um cargo vago a ser preenchido. Escolha um cargo da empresa ou da instituição de ensino – da secretaria, da tesouraria etc. – e elabore um plano de seleção para o seu ocupante, mencionando todas as fases do processo.
3) A seguir, faça um esquema das técnicas de seleção escolhidas para o processo anterior, justificando as suas escolhas.
4) Elabore uma lista de resultados que a seleção de pessoal poderia trazer para a sua empresa ou para a sua instituição de ensino.

Capítulo 4

Treinamento de pessoal

Tópicos deste capítulo

- Conceito de treinamento
- Importância do treinamento
- O processo de treinamento
- Levantamento das necessidades de treinamento
- Programação do treinamento
- Execução do treinamento
- Técnicas de treinamento
- Avaliação dos resultados do treinamento
- Questões para revisão
- Exercícios

Os times de futebol treinam durante semanas para poder disputar um jogo de uma hora e meia. Uma orquestra sinfônica treina e ensaia durante meses para uma apresentação teatral de duas horas ao público. Os atletas e esportistas olímpicos treinam intensamente durante anos para uma disputa que dura apenas uns poucos minutos. As empresas ainda estão longe desses marcos por várias razões. Uma delas é que enquanto um time de futebol ou uma orquestra trabalham de fato somente em determinadas ocasiões predeterminadas, as empresas funcionam diariamente e nem sempre podem parar suas atividades para poder treinar e melhorar seu desempenho. Em segundo lugar, quando o time de futebol joga e a orquestra toca, exige-se o máximo de cada pessoa do conjunto. Nada menos do que isso. As empresas exigem apenas um desempenho razoável de seus membros, quando poderiam ter um desempenho muitíssimo melhor. Tudo é uma questão de treinamento. Desempenho depende de treinamento.

Nem sempre as pessoas sabem exatamente o que fazer e como fazer no seu trabalho. As empresas precisam ensinar seus funcionários como executar suas tarefas da maneira como elas consideram correta e adequada às suas necessidades e expectativas. Em outros termos, os funcionários precisam ser treinados para poderem executar seu trabalho de acordo com os métodos e processos estabelecidos pela empresa, principalmente os funcionários recém-admitidos. Eles precisam ser treinados no seu novo cargo para poderem trabalhar de acordo com as expectativas da empresa. Se o funcionário não sabe trabalhar corretamente é porque a empresa não o treinou adequadamente para o seu cargo.

Por outro lado, as pessoas constituem o recurso empresarial mais dinâmico. Os recursos humanos apresentam uma enorme aptidão para o desenvolvimento, que é a capacidade de aprender novas habilidades, obter novos conhecimentos, modificar atitudes e comportamentos e adquirir novas competências.

Conceito de treinamento

A palavra *treinamento* tem muitos significados. Alguns especialistas consideram o treinamento como um meio para desenvolver a força de trabalho das organizações[1]. Outros consideram o treinamento de modo mais amplo como uma preparação para um adequado desempenho no cargo e estendendo o conceito para aumentar o nível intelectual através da educação geral[2]. Outros autores referem-se a uma área mais genérica chamada desenvolvimento de pessoas, que pode ser dividida em educação e treinamento: o treinamento significa

---

[1] Yoder, D. *Personnel management and industrial relation*. Englewood Cliffs: Prentice-Hall, 1956. Cap. 9.

[2] Waite, W.W. *Personnel administration*. New York: Ronald Press, 1952. p.219-40.

o preparo da pessoa para o cargo, enquanto o propósito da educação é preparar a pessoa para o ambiente dentro ou fora do seu trabalho[3]. É dentro desta última abordagem que se situará o presente capítulo.

O treinamento é um processo educacional através do qual as pessoas aprendem conhecimentos, habilidades e atitudes para o desempenho de seus cargos e adquirem novas competências. É um processo educacional e de curto prazo, porque visa à formação e à preparação das pessoas. E está voltado eminentemente para o desempenho do cargo, seja o atual, seja um cargo futuro na empresa, ou então para a aquisição de competências desejadas pela organização.

Vale lembrar que o treinamento – assim como a maior parte das atividades de ARH – é uma responsabilidade de linha e uma função de *staff*. Isso significa que o treinamento é uma responsabilidade de cada gerente em relação aos seus subordinados. Se um funcionário não está devidamente capacitado para seu trabalho, a responsabilidade é do seu gerente e não da ARH. Porém, o órgão de treinamento existe para assessorar cada gerente no treinamento de seus subordinados. Assim, o treinamento é uma função de *staff*, ou seja, do órgão prestador de serviços especializados para toda a empresa. O treinamento cabe a cada gerente – ao avaliar que seus subordinados carecem de determinado tipo de conhecimento, habilidade, atitude ou competência –, e, caso não tenha condição de fazê-lo pessoalmente, é preciso que haja solicitação de suporte e ajuda ao órgão de treinamento. Assim, a decisão é sua. Treinar o subordinado é uma responsabilidade de cada gerente, em todos os níveis da organização. Manter a equipe treinada e afiada é uma responsabilidade indelegável de cada gerente. Se ele não tem condições de treinar pessoalmente seus subordinados, deve solicitar ao órgão de treinamento que o faça ou encaminhe uma solução.

---

[3] Whitehill Jr., A.M. *Personnel relations*. New York: McGraw-Hill, 1955. p.121-51.

Tipos de treinamento

Como processo educacional, o treinamento envolve basicamente quatro tipos de conteúdo em uma escala crescente de complexidade, a saber[4]:

1) *Transmissão de informações e de conhecimentos*: o treinamento tem por conteúdo a transmissão de informações e conhecimentos necessários ao cargo a ser ocupado, sejam informações sobre o trabalho, sobre a empresa, seus produtos ou serviços, suas regras e seus regulamentos internos, sua estrutura organizacional etc. Esse tipo de treinamento pode ser ministrado em sala de aula ou através de meios eletrônicos, como CDs ou intranet da empresa. Geralmente, os funcionários recém-admitidos passam por um programa de integração na empresa, recebendo informações e conhecimentos a respeito do seu novo trabalho, da empresa, dos produtos e serviços, das regras e regulamentos internos etc., passando pela apresentação pessoal aos novos colegas e superiores.
2) *Desenvolvimento de habilidades*: o treinamento também se destina a desenvolver certas habilidades e destrezas relacionadas com o cargo atual ou futuro, na operação de terminais, máquinas de calcular, no preenchimento de formulários, cálculos, montagem de peças, operação de máquinas industriais, condução de veículos etc. Algumas habilidades são motoras ou manuais e seu desenvolvimento exige treino e prática constantes. Geralmente, os funcionários recebem treinamento no cargo para o desenvolvimento de habilidades e destreza nas suas tarefas.
3) *Desenvolvimento de atitudes*: geralmente, mudança de atitudes negativas ou inadequadas para atitudes positivas e favoráveis. É o

---

[4] Chiavenato, I. *Recursos humanos*: o capital humano das organizações. Rio de Janeiro: Elservier/Campus, 2009e.

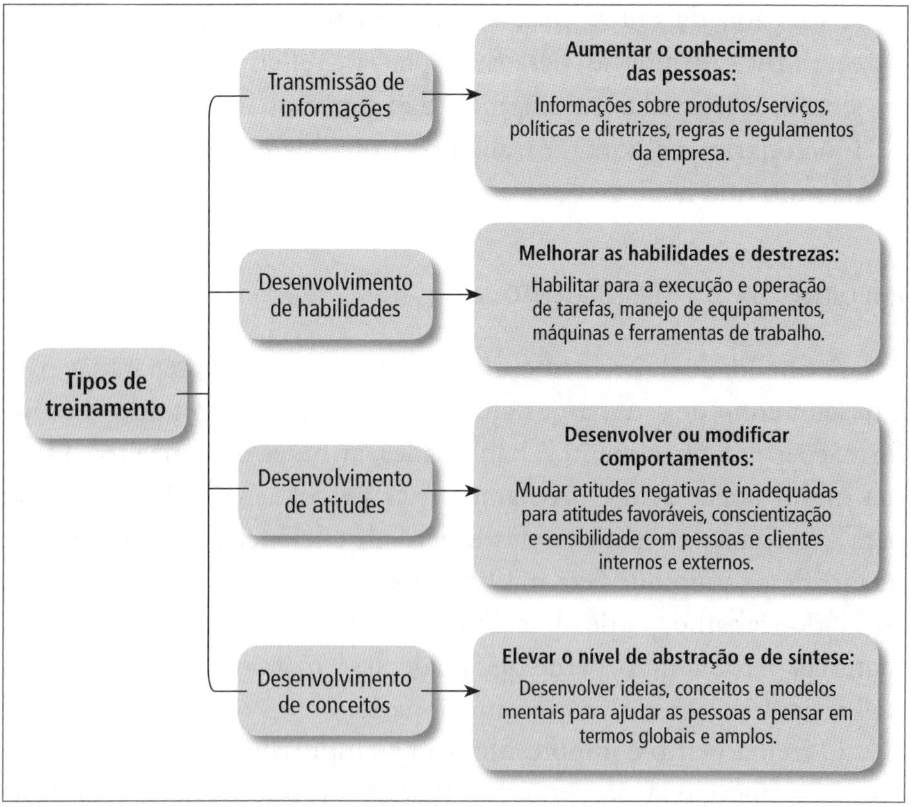

Figura 4.1 – Os quatro tipos de treinamento.
Fonte: Chiavenato (2008). p.372.

caso do desenvolvimento de atitudes de relações humanas (para melhorar o relacionamento entre as pessoas), do desenvolvimento de hábitos e atitudes para com clientes ou usuários (como o treinamento de vendedores, balconistas, telefonistas de *call centers* etc.). O desenvolvimento de atitudes visa a melhorar a maneira de tratar o cliente ou colega e o comportamento em equipe, a indicar como conduzir o processo de venda e contornar dificuldades ou negativas do cliente etc.

4) *Desenvolvimento de conceitos*: indicado para supervisores, gerentes e diretores, esse tipo de treinamento desenvolve ideias, conceitos, teorias e modelos mentais para aumentar o grau de abstração e de síntese necessários para atividades mais complexas e criativas. Ajuda as pessoas a pensar, refletir, criticar, analisar, sintetizar e mudar paradigmas. São aspectos importantes para o funcionário melhorar o trabalho, a qualidade e a produtividade daquilo que faz.

Importância do treinamento

A finalidade do treinamento é manter as pessoas preparadas para o desempenho de seus cargos atuais ou futuros, transmitindo-lhes informações e conhecimentos, habilidades, atitudes ou conceitos. Daí a sua importância: sem o treinamento as pessoas estão despreparadas para a execução de suas tarefas e perdem eficiência, produtividade e qualidade naquilo que fazem. O funcionário torna-se moroso na execução do trabalho, perde-se facilmente, erra constantemente, inutiliza material, perde tempo, perde qualidade. Isso irrita o gerente, o cliente, o usuário, o colega e o próprio funcionário.

O treinamento é importante para a empresa e para o funcionário porque proporciona excelência do trabalho, produtividade, qualidade, presteza, correção, utilização correta do material e, sobretudo, gratificação pessoal pelo fato de ser bom naquilo que faz.

O treinamento pode até ser considerado caro. Porém, mais caro ainda é não treinar as pessoas. A relação entre custos e benefícios é altamente positiva para os esforços de treinamento. Em muitas empresas cada real gasto em treinamento proporciona o dobro, triplo ou mais em termos de retorno direto ou indireto do investimento feito. É fácil notar a presença de pessoas mal treinadas toda vez que se entra em contato com uma empresa, banco, restaurante, supermercado, telefonia ou repartições públicas e é tratado de maneira pouco agradável por seus funcionários. De nada adiantam recursos empresariais como máquinas sofisticadas, métodos e processos excelentes sem pessoas treinadas e habilitadas. Seja na guerra, no futebol ou nas empresas, o treinamento é vital para a vitória e para o sucesso.

O PROCESSO DE TREINAMENTO

O treinamento é um processo educacional e que funciona ao longo de um ciclo composto de quatro fases sequenciais, a saber:

1) Levantamento das necessidades de treinamento.
2) Programação do treinamento.
3) Execução do treinamento.
4) Avaliação dos resultados do treinamento.

As quatro fases sequenciais do processo de treinamento podem ser equacionadas conforme demonstrado na Figura 4.2 adiante.

Cada uma dessas quatro fases será analisada separadamente em seguida.

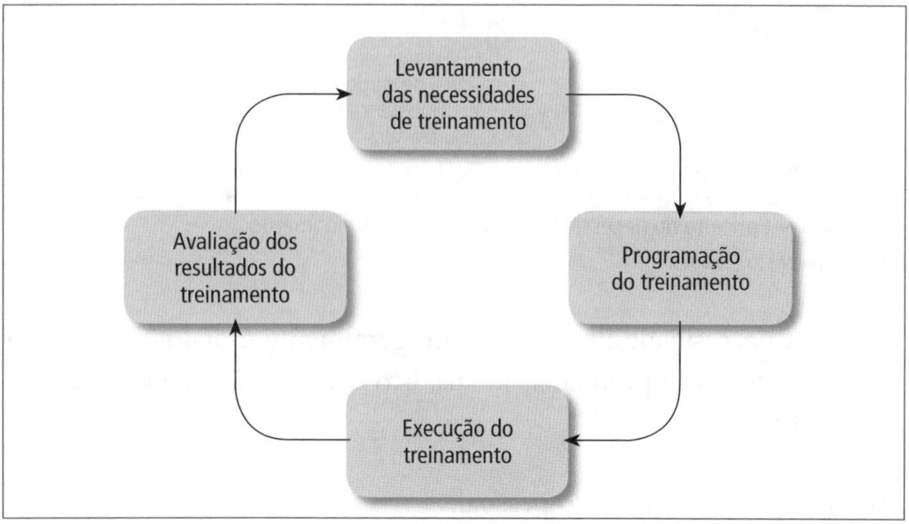

Figura 4.2 – O ciclo do treinamento e suas quatro fases.
Fonte: Chiavenato (2009e).

LEVANTAMENTO DAS NECESSIDADES DE TREINAMENTO

Corresponde à primeira fase do processo cíclico do treinamento. O treinamento é um processo cíclico porque se repete indefinidamente. O levantamento das necessidades de treinamento corresponde ao diagnóstico de carências de treinamento e à verificação dos problemas de treinamento que ocorrem na empresa. Uma necessidade de treinamento é geralmente uma deficiência no desempenho do cargo ou uma ausência de competências requeridas pela organização. Ocorre necessidade de treinamento sempre que a exigência do cargo ou a competência requerida for maior do que o desempenho do ocupante ou a competência oferecida por ele, como na Figura 4.3.

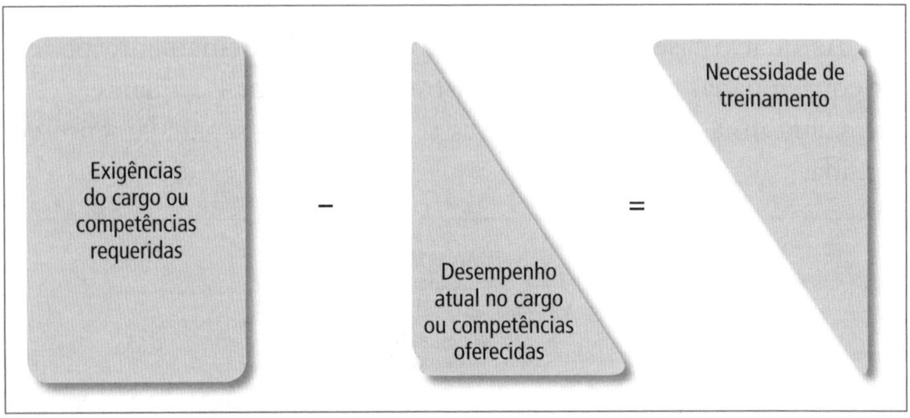

Figura 4.3 – Conceito de necessidade ou carência de treinamento.
Fonte: Chiavenato (2009e).

Uma necessidade de treinamento geralmente é diagnosticada por meio dos seguintes problemas atuais, isto é, que estão acontecendo no momento:

1) Baixa produtividade do pessoal.
2) Baixa qualidade no trabalho.
3) Comunicações deficientes.
4) Excesso de erros.
5) Desperdício de tempo e material.
6) Elevado número de acidentes.
7) Avarias frequentes nas máquinas ou equipamentos.
8) Mau atendimento ao cliente.

Esses problemas quase sempre ocorrem por necessidade de treinamento.

Por outro lado, quaisquer mudanças futuras que venham a ocorrer dentro da empresa significam novas necessidades de treinamento, pois as mudanças na empresa provocam mudanças nas habilidades e nos comportamentos dos funcionários. Assim, as seguintes mudanças que ocorrem dentro da empresa provocam necessidades de treinamento:

1) Expansão da empresa e admissão de novos empregados.
2) Mudanças de métodos e processos de trabalho.
3) Modernização dos equipamentos e instalações da empresa.
4) Produção e comercialização de novos produtos ou serviços.
5) Remanejamento de pessoal.

Essas mudanças provocam futuras necessidades de treinamento pela frente.

O levantamento das necessidades de treinamento – diagnóstico de carências de treinamento – é o primeiro passo para se estabelecer um programa de treinamento na empresa.

Programação do treinamento

Verificadas as necessidades de treinamento, passa-se à programação do treinamento que deve removê-las ou eliminá-las. Programar treinamento significa estabelecer os seguintes itens:

1) Quem deve ser treinado, isto é, quais serão os treinandos.
2) Em que se deve treinar, isto é, qual será o conteúdo do treinamento.
3) Como se deve treinar, isto é, quais serão as técnicas de treinamento.
4) Quando se deve treinar, isto é, qual será a época do treinamento.
5) Onde se deve treinar, isto é, qual será o local de treinamento.
6) Quem fará o treinamento, isto é, quem será o instrutor.

Quadro 4.1 – Itens principais da programação de treinamento

Quem treinar	Treinandos	Classe, grupo
Em que treinar	Conteúdo do treinamento	Manual, livro
Como treinar	Técnicas de treinamento	Aula, demonstração
Quando treinar	Época do treinamento	Datas, horário
Onde treinar	Local do treinamento	No cargo, fora dele
Por quem ser treinado	Instrutor	Gerente, especialista

A programação de treinamento planeja todos os detalhes de como deverá ser o treinamento em termos de conteúdo, técnicas, períodos, local onde será realizado, quais os treinandos e quais os instrutores. Quando o número de treinandos é muito grande, o programa de treinamento pode permanecer durante anos em execução para grupos de 20, 30 ou 40 funcionários de cada vez.

A programação também deverá elaborar os manuais de treinamento com o conteúdo daquilo que deverá ser ensinado aos funcionários.

Execução do treinamento

A execução do treinamento consiste em fazer funcionar a programação do treinamento. Isto é, reunir os treinandos, transmitir-lhes o conteúdo do treinamento através das técnicas escolhidas, na época e no local programado, através do instrutor ou facilitador. Daí a importância da programação do treinamento e do levantamento das necessidades de treinamento que lhe deu base.

Como o treinamento é uma responsabilidade de linha e uma função de *staff*, geralmente, a execução do treinamento é feita pelo próprio órgão onde está inserido o funcionário, pois ninguém melhor do que o próprio gerente sabe como executar o treinamento do subordinado. Mas o levantamento das necessidades e a programação do treinamento geralmente são feitos pelo órgão de pessoal, como uma função de *staff*, pois é o especialista em treinamento quem melhor pode diagnosticar onde estão as necessidades e qual a melhor programação para eliminá-las eficientemente.

A execução do treinamento pode ser feita de três maneiras diferentes[5]:

1) *No próprio local de trabalho do funcionário*: o treinamento é executado onde o funcionário trabalha e enquanto trabalha. Não há necessidade de sair da seção para ser treinado. É o caso do treinamento das habilidades e destrezas na operação das máquinas e dos equipamentos que o funcionário utiliza no próprio cargo, como calculadoras, computador, terminais de informação etc.
2) *Na empresa, mas fora do local de trabalho*: o treinamento é executado em alguma sala de aula ou em outro local dentro da empresa. Não há necessidade de sair da empresa, mas o funcionário se desloca para outra seção. É o caso do treinamento de novas atitudes ou de novos conhecimentos que exigem uma sala de aula especial. É o caso também do programa de integração de novos funcionários na empresa.
3) *Fora da empresa*: o treinamento é executado em local fora da empresa ou em uma escola ou instituição externa. É o chamado treinamento externo. É o caso do treinamento de novos conhecimentos especializados que exigem instrutores especialistas de outras organizações ou empresas.

Treinamento vestibular

É também denominado programa de indução e é realizado após a admissão do novo funcionário e antes dele começar a trabalhar. Faz parte daquilo que se chama socialização organizacional, ou seja, o aculturamento do novo funcionário aos aspectos internos da organização.

---

[5] Ibid.

Em geral, envolve a apresentação do novo funcionário aos seus colegas e superiores, informações sobre práticas da empresa, produtos, serviços, áreas de atividade e regras e procedimentos internos. Funciona como um facilitador para que o recém-admitido possa se integrar mais facilmente aos colegas e ao ambiente de trabalho. Sua duração varia enormemente de empresa para empresa e, em alguns casos, leva semanas.

Quadro 4.2 – As habilidades básicas para o ambiente de trabalho

Ler	Equacionar problemas	Relacionar-se com os outros
Escrever	Resolver problemas	Colaborar com os outros
Digitar	Aprender a aprender	Ter iniciativa própria
Falar	Trabalhar como membro de equipe	Administrar seu próprio tempo
Ouvir	Conhecer a si próprio	Perseverança

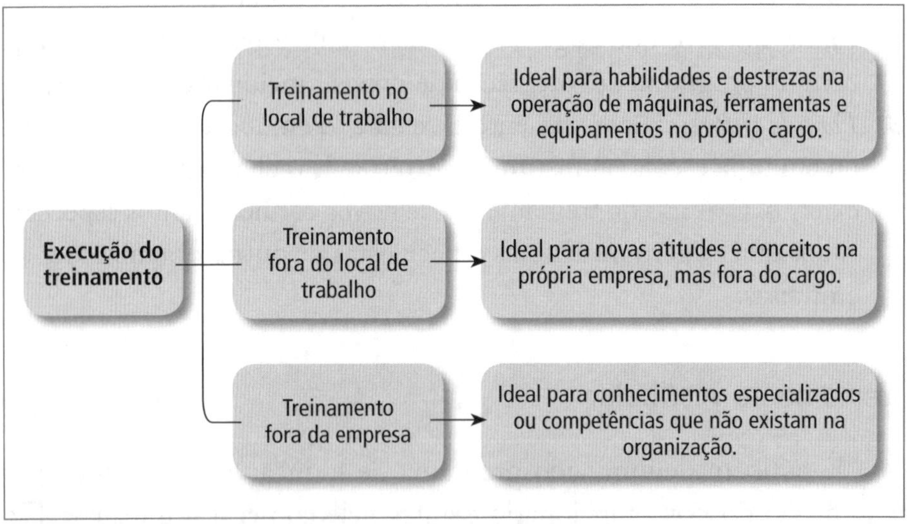

Figura 4.4 – As três maneiras de execução do treinamento.
Fonte: Chiavenato (2009e).

TÉCNICAS DE TREINAMENTO

A execução do treinamento exige a utilização de diversos meios de treinamento. Os principais são[6]:

1) *Aulas expositivas*: é a principal técnica de treinamento para a transmissão de novos conhecimentos e informações. Geralmente são utilizados recursos audiovisuais como lousa, retroprojetor de transparências, projetor de *slides*, DVDs etc. O treinando assiste o material apresentado para conhecer os produtos ou serviços que a empresa produz, saber como executar operações, entender como se reduz custos ou economiza recursos etc.
2) *Demonstrações*: é a principal técnica de treinamento para a transmissão de conhecimentos sobre operação de máquinas e equipamentos de escritório ou de produção fabril. O instrutor ou facilitador mostra como montar uma peça ou como operar uma máquina ou terminal de computador e pede ao aprendiz para fazer o mesmo. É o chamado aprender fazendo, uma maneira prática de ensinar.
3) *Leitura programada*: é uma técnica de treinamento barata porque utiliza a leitura programada de textos, revistas ou livros previamente indicados. Não exige instrutor e pode ser feita fora do horário de trabalho, mas exige avaliação da aprendizagem do treinando. Muitas empresas oferecem livros ou revistas com um rol de pessoas que devem lê-las e rubricar o rol na sequência.
4) *Instrução programada*: é uma técnica de treinamento que se baseia em agrupamentos integrados de informações seguidas por testes de aprendizagem que determinam se o treinando volta ao agrupamento anterior se não aprendeu suficientemente ou se vai para o agrupamento seguinte. Em cada agrupamento de informações, o treinando passa por uma autoavaliação. Também dispensa o instrutor e a avaliação da aprendizagem.

---

[6] Ibid.

5) *Dramatização*: é uma técnica de treinamento ideal para a transmissão de novas atitudes e comportamentos. Baseia-se no faz de conta, isto é, na simulação de situações. Ideal para cargos que exigem contato com pessoas, como vendedores, compradores, balconistas, telefonistas de *call centers* etc. Muito utilizada no treinamento em relações humanas no trabalho, nos cursos para chefes, supervisores e gerentes em como lidar com subordinados, enfrentar conflitos, negociações etc.
6) *Treinamento baseado no computador*: por meio de gravações em CDs ou DVDs contendo aulas expositivas, demonstrações, explicações etc. Permite execução do treinamento em qualquer local e em qualquer hora. Pode envolver também teleconferências.
7) *Ensino a distância*: é o treinamento baseado na internet e ideal para locais de trabalho distantes da matriz. Permite também a execução do treinamento em qualquer local e em qualquer hora.

É muito comum a utilização simultânea de várias dessas técnicas de treinamento, pois uma auxilia a outra permitindo um efeito de sinergia.

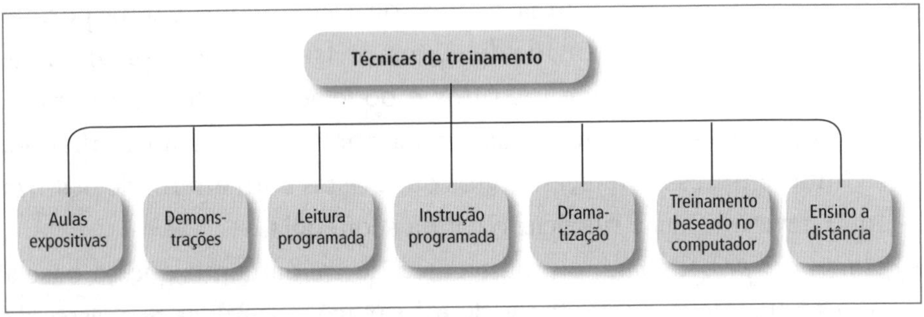

Figura 4.5 – As principais técnicas de treinamento.

Avaliação dos resultados do treinamento

Constitui a última etapa do processo de treinamento e serve para verificar se o treinamento que foi programado e executado realmente eliminou as necessidades de treinamento diagnosticadas anteriormente.

Se os problemas diagnosticados – como baixa produtividade, baixa qualidade, elevado índice de manutenção de máquinas e equipamentos, alto índice de acidentes no trabalho etc. – foram eliminados, então o treinamento foi eficaz e surtiu os efeitos desejados. A relação custo/benefício deve ser sempre avaliada. Se, porém, os problemas diagnosticados ainda permanecem após o treinamento, então alguma coisa saiu errada: ou o diagnóstico foi superficial ou distorcido ou a programação não foi adequada ou então a execução do treinamento não atendeu às expectativas. A avaliação dos resultados do treinamento deve verificar a eficiência e a eficácia do treinamento e o retorno sobre o investimento efetuado.

Quando o levantamento das necessidades de treinamento indica uma área da empresa com baixa produtividade e qualidade e a avaliação dos resultados mostra que a produtividade e a qualidade melhoraram totalmente, então o treinamento surtiu o efeito desejado. Porém, se a baixa produtividade e a baixa qualidade permanecem mesmo depois do treinamento, então deve-se refazer o levantamento das necessidades para uma nova programação e execução do treinamento.

É por isso que se diz frequentemente que todo treinamento deve ser feito sob medida para cada aspecto na empresa.

Mensuração dos resultados do treinamento

A mensuração dos resultados do treinamento pode situar-se em cinco níveis de profundidade[7]:

1) *Reação e/ou satisfação e ação planejada*: é o nível de reação e/ou satisfação – ou teste do sorriso – e mostra apenas a reação ou satisfação pessoal dos participantes do processo em relação ao programa ou à experiência do treinamento. É o nível mais elementar e caracte-

[7] Kirkpatrick, D.L. *Evaluating training programs*: the four levels. São Francisco: Berrett-Koehler, 1994. Disponível em: http://www.axialent.com.

riza-se pelo foco no programa, no facilitador e sobre qual é a ideia de aplicação do treinamento na prática cotidiana.

2) *Aprendizado de novas habilidades*: é o nível em que os aprendizes adquirem novas habilidades e conhecimentos, e mudam suas atitudes e comportamentos como resultante do treinamento. É o foco nos aprendizes e nos mecanismos de aprendizagem. Nesse nível, as pessoas constroem novas habilidades que melhoram seu desempenho individual e beneficiam a empresa.

3) *Comportamento e aplicação no trabalho das habilidades aprendidas*: focaliza os aprendizes no seu trabalho e nos meios para aplicar o que foi aprendido. Nesse nível, as pessoas adquirem habilidades de aprendizagem e aplicam-nas no trabalho, além de adotarem novas atitudes que mudam seu comportamento. As mudanças comportamentais podem ser observadas em 360º ou nas pesquisas sobre funcionários. Se não há mudanças comportamentais, ou o treinamento não está funcionando ou o programa de treinamento não resolveu o problema. Quando o funcionário retorna ao ambiente de trabalho muitos fatores podem apoiar a mudança comportamental, inclusive o papel do gerente em modelar e criar um clima que apoia a tentativa de um novo comportamento. Ou então, em caso contrário, o ambiente de trabalho é hostil a qualquer mudança comportamental. Nesse caso, o treinamento não consegue ser aplicado na prática.

4) *Impacto nos resultados do negócio*: nesse nível, o treinamento produz um impacto direto nos resultados do negócio, reduzindo custos operacionais, aumentando lucros, melhorando a qualidade do trabalho, diminuindo a rotatividade do pessoal ou acelerando o tempo de ciclo de produção. O foco está na transmissão das habilidades e competências para alcançar resultados capazes de afetar o negócio em termos de produtividade, qualidade, custos, redução do tempo, serviço ao cliente e clima de trabalho.

5) *Retorno sobre o investimento (ROI)*: é o nível mais profundo de resultado em que o treinamento produz um forte impacto monetário nos negócios da empresa. O treinamento traz um retorno financeiro à empresa: quando é positivo, o treinamento traz lucro, mas quando é negativo,

provoca prejuízo. A necessidade de avaliar o retorno do investimento (*return on investment* – ROI) está relacionada com os custos e benefícios envolvidos nos programas de treinamento. O ROI tem muitas conotações, dependendo das percepções e motivações de cada usuário. É uma medida do valor percebido. E o valor pode ter diferentes significados para cada usuário ou grupo de interesse que avalia o programa de treinamento. A questão mais importante para o cálculo da medida de aprendizagem é: como os usuários dessa informação definem valor? Isso requer uma abordagem balanceada da medição do aprendizado, e essa abordagem requer uma compreensão ampla das percepções dos usuários ou grupos de interesses a respeito do ROI[8].

Posteriormente, Paul Leone[9] acrescentou um sexto nível – transferência de aprendizagem – como um elemento crucial na maneira como o treinamento pode influenciar o clima organizacional no sentido de favorecer e facilitar a transferência do aprendizado e sua aplicação cotidiana no ambiente de trabalho. Nesse nível, o treinamento provoca forte influência na maneira pela qual as pessoas percebem a importância e a necessidade do treinamento, pois o aprendido é transferido para outras pessoas ou para outras atividades.

Muitas empresas ainda resistem à ideia de treinar seus funcionários e parecem temer investir para treinar pessoal com receio de perdê-los para a concorrência, preferindo recrutar no mercado funcionários já dotados de alguma experiência e treinamento. São poucas as empresas que encaram o treinamento como uma forma de reduzir custos e aumentar a produtividade. A maioria ainda prefere considerar o treinamento como uma mera função social e não econômica, como uma despesa ao invés de um investimento que pode trazer retornos[10].

---

[8] Fonte: http://www.chatfieldgroup.com.

[9] Leone, P. "Comparing web-based, instructor-led and blended-delivery approaches". In: *Training industry quarterly*, 2008. Disponível em: http://www.trainingindustry.com.

[10] Brown, A.; Green, T.D. *The essentials of instructional design*: connecting fundamental principles with process and practice. Upper Saddle River: Pearson/Merrill/Prentice Hall, 2006.

Medidas de eficácia	Modos de avaliação
Nível 1 Reação	O aprendiz responde satisfatoriamente à pesquisa (satisfação com a experiência de treinamento).
Nível 2 Aprendizagem	O aprendiz responde com a aprendizagem completa à pesquisa (novos conhecimentos e habilidades adquiridos).
Nível 3 Comportamento	Avaliação posterior do gerente indica que o aprendiz mantém a aprendizagem após o evento (melhoria observável nas habilidades).
Nível 4 Resultados	Avaliação posterior do gerente indica que o aprendiz ainda mantém o aprendizado do evento (aumento da produtividade no médio prazo).
Nível 5 ROI	Análise de custos/benefícios reflete o aumento da produtividade no médio prazo
Nível 6 Transferência de aprendizagem	Envolve a transferência da aprendizagem para outras pessoas ou para outras atividades

Figura 4.6 – Os seis níveis de avaliação da eficácia do treinamento.

Por outro lado, as empresas estão preocupadas com o retorno do investimento feito em treinamento. As medidas de retorno do investimento estão fazendo parte do processo de avaliação do treinamento. Trata-se de estimar os custos e benefícios decorrentes, uma vez que os valores aplicados em treinamento estão aumentando gradativamente. Algumas empresas chegam a dedicar uma parcela equivalente a 4% ou mais do seu faturamento para programas de treinamento, mudança e melhoria organizacional. É muito investimento para ficar sem um retorno definido e garantido.

QUESTÕES PARA REVISÃO

1) Explique o conceito de treinamento.
2) Por que o treinamento é um processo educacional?
3) O treinamento só se refere ao cargo atual?
4) Quais são os três tipos de conteúdo do treinamento?
5) O que significa transmissão de informações e conhecimentos?
6) O que significa desenvolvimento de habilidades e destrezas?
7) O que significa desenvolvimento de atitudes?
8) Por que o treinamento é uma responsabilidade de linha e uma função de *staff*?
9) Qual é a finalidade do treinamento?
10) Qual é a importância do treinamento para a empresa?
11) Qual é a importância do treinamento para o funcionário?
12) Quais são as quatro fases sequenciais do processo de treinamento?
13) Explique a 1ª fase: "levantamento de necessidades de treinamento".
14) Qual é o conceito de necessidade de treinamento?
15) Quais são os problemas atuais que indicam uma necessidade de treinamento?
16) Quais são as mudanças na empresa que determinam futuras necessidades de treinamento?
17) Explique a 2ª fase: "programação de treinamento".
18) O que se estabelece com uma programação de treinamento?
19) Faça uma programação de treinamento: quem treinar, como treinar, quando treinar, onde treinar e por quem ser treinado.
20) Explique a 3ª fase: "execução do treinamento".
21) Quem geralmente executa o treinamento?
22) Quem geralmente faz o levantamento de necessidades e a programação de treinamento?
23) Quais são as três maneiras pelas quais se pode executar o treinamento?
24) Explique o treinamento no local de trabalho.
25) Explique o treinamento fora do local de trabalho, mas na empresa.
26) Explique o treinamento fora da empresa.
27) Quais são as principais técnicas de treinamento?
28) Explique o que são aulas expositivas.

29) Explique o que são as demonstrações.
30) Explique a leitura programada.
31) Explique a instrução programada.
32) Explique a dramatização.
33) Explique a 4ª fase: "avaliação dos resultados do treinamento".
34) Por que se diz que o treinamento é feito sob medida?
35) Explique os cinco níveis de aprendizagem.
36) Compare os cinco níveis de aprendizagem.

Exercícios

1) Imagine a empresa na qual você trabalha ou a instituição de ensino em que estuda. Anualmente, centenas de novos funcionários ou alunos nelas ingressam e precisam se adaptar por meio de um programa de integração. Como vimos neste capítulo, um programa de integração geralmente inclui informações a respeito da empresa, de seus produtos ou serviços, de suas regras e regulamentos internos etc. Essas informações preliminares são importantes para que cada pessoa saiba como se comportar dentro da organização. Faça uma programação de treinamento para sua empresa ou instituição de ensino no sentido de prestar tais informações preliminares aos seus novos funcionários ou alunos.
2) Imagine que todo o pessoal da secretaria e da tesouraria, da sua empresa ou instituição de ensino, que mantém contato com o público, apresenta sintomas de necessidade de treinamento, tais como morosidade no atendimento, erros frequentes, dificuldades de prestar informações rápidas, falta de cortesia etc. Com esses sintomas, quais sugestões você apresentaria sobre uma programação de treinamento visando ao desenvolvimento de habilidades, destrezas e novas atitudes?
3) Quais são as sugestões que você apresentaria à sua empresa ou instituição de ensino no sentido de melhorar as técnicas de treinamento em sala de aula?
4) Como você poderia planejar um sistema de treinamento baseado em computadores para sua empresa ou instituição de ensino?
5) Como você poderia planejar um sistema de treinamento a distância em sua empresa ou instituição de ensino?

Capítulo 5

Administração de salários

Tópicos deste capítulo

- Administração de salários
- Descrição e análise de cargos
- Avaliação e classificação de cargos
- Pesquisa salarial
- Política salarial
- Questões para revisão
- Exercícios

É inegável que ninguém trabalha de graça ou por simples prazer ou passatempo pessoal. A não ser em entidades filantrópicas por caridade ou por amor ao próximo, ou ainda por *hobby*. As pessoas trabalham nas empresas para poderem ganhar seu salário. É com o salário que elas definem seu padrão de vida, ou seja, a qualidade ou nível de vida que podem oferecer a si mesmas e aos seus familiares. Assim, o salário representa para as pessoas o seu ganha-pão e sua única fonte de renda. Nada mais justo para as pessoas tentar aumentar seus salários para melhorar de vida. Mas, para as empresas os salários dos funcionários representam uma respeitável parcela das despesas e custos mensais. Nada mais justo para as empresas tentar minimizar as despesas e reduzir custos para melhor concorrer em um mercado altamente competitivo. Assim, estamos frente a um assunto potencialmente conflitivo: cada parte quer puxar os salários para um lado diferente. Os funcionários pretendem sempre elevá-los para viver melhor, enquanto as empresas pretendem sempre racionalizá-los para competir melhor. Para balancear os interesses opostos é que existe a Administração de Salários.

Administração de salários

A Administração de Salários (AS) é a área da ARH que se fundamenta em um sistema lógico de comparações internas e externas dos cargos e de seus respectivos salários. Sua função é definir estruturas salariais capazes de garantir o equilíbrio interno dos salários – em relação aos cargos da empresa – e o equilíbrio externo dos salários – em relação aos salários pagos no mercado de trabalho aos mesmos cargos existentes na empresa. O equilíbrio interno é feito através de um trabalho de descrição e análise de cargos que fundamenta todo o processo de classificação de cargos, enquanto o equilíbrio externo é conseguido através de pesquisas salariais no mercado. A partir daí, a empresa pode definir sua política salarial em consonância com as demais políticas empresariais.

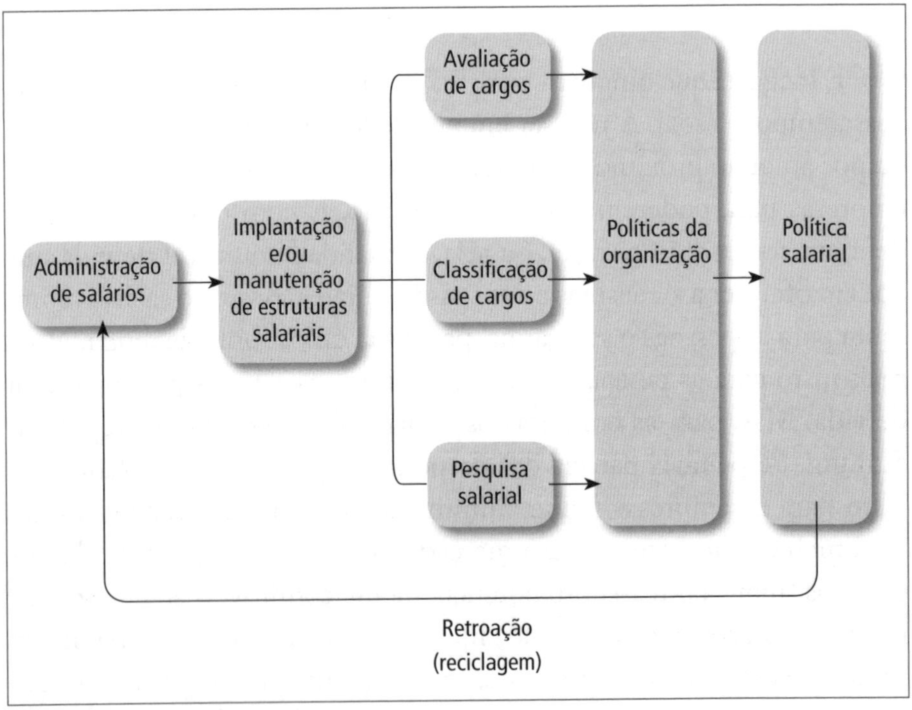

Figura 5.1 – O sistema de administração salarial.
Fonte: Chiavenato (2009e).

Descrição e análise de cargos

Toda empresa possui uma estrutura organizacional de cargos e de órgãos representada pelo organograma. Quando o organograma retrata a estrutura de órgãos, temos as diretorias, superintendências, divisões, departamentos, seções etc. Quando o organograma retrata a estrutura dos cargos, temos então os diretores, superintendentes, gerentes de divisão, chefes de departamento, supervisores de seção etc. Depende do foco, isto é, de analisar áreas ou órgãos ou então cargos ou posições.

Quadro 5.1 – Os órgãos e os cargos na estrutura organizacional

Estrutura organizacional	
Órgãos	**Cargos**
Diretorias	Diretores
Superintendências	Superintendentes
Divisões	Gerentes de divisão
Departamentos	Chefes de departamento
Seções	Supervisores

Vimos que o organograma é dividido em diferentes níveis hierárquicos (autoridade e responsabilidade) e em diferentes áreas de especialização (departamentalização ou divisionalização). Cada órgão se situa em determinado nível (diretoria, superintendência, divisão, departamento, seção etc.) e em determinada área de especialização da empresa (finanças, produção/operações, *marketing*, RH etc.). Cada órgão é constituído de vários cargos e cada cargo é preenchido por um ocupante. Assim, para implantar a AS é necessário conhecer previamente o que cada pessoa faz na empresa, isto é, conhecer o conjunto de tarefas de cada ocupante de cargo. Em outras palavras, é preciso descrever e analisar cargos.

Descrição de cargos

É o primeiro passo para conhecer o que as pessoas fazem. Toda pessoa executa tarefas na empresa. Um conjunto de tarefas executadas repetidamente constitui uma função. Um conjunto de funções com uma determinada posição no organograma constitui um cargo. Descrever um cargo significa alinhar todas as tarefas executadas pelo seu ocupante, sejam elas executadas diariamente, semanalmente, mensalmente ou esporadicamente. A descrição de cargo representa o elenco das tarefas que deverão ser executadas pelo ocupante do cargo. Essas tarefas precisam ser verificadas e relacionadas no formulário de descrição de cargo, conforme a Figura 5.2.

DESCRIÇÃO DE CARGO

Nome do cargo: ______________________

Divisão/departamento: ______________________

Quais tarefas executa diariamente? ______________________

____

Quais tarefas executa semanalmente? ______________________

____

Quais tarefas executa mensalmente? ______________________

____

Quais tarefas executa esporadicamente? ______________________

____

Figura 5.2 – Formulário de descrição de cargos.

Análise de cargos

Feita a descrição de cargo passa-se à sua análise. Analisar um cargo significa verificar o que o ocupante precisa ter ou conhecer para poder executar as tarefas (diárias, semanais, mensais ou esporádicas) exigidas pelo cargo. Uma secretária para digitar correspondência precisa possuir instrução escolar compatível com aquilo que escreve, além de experiência profissional prévia no manejo do computador para desenvolver razoável velocidade no seu trabalho. Se ela também faz cálculo, precisa possuir aptidão numérica e ser experiente no uso de calculadoras sofisticadas. A análise de cargos busca verificar o que o ocupante precisa possuir como bagagem pessoal para poder executar as tarefas exigidas pelo cargo. No fundo, a análise de cargos troca em miúdos o que foi verificado na descrição de cargos, por meio de fatores de análise de cargos, a saber[1]:

1) *Requisitos mentais*: exigidos pelo cargo, como instrução escolar e quantos anos de experiência anterior no cargo que o ocupante deve possuir para preencher o cargo.
2) *Requisitos físicos*: exigidos pelo cargo, como o esforço físico despendido no cargo e o grau de concentração mental ou visual exigido pelo cargo.
3) *Responsabilidades envolvidas pelo cargo*, como as responsabilidades por máquinas, equipamentos ou dinheiro no desempenho do cargo
4) *Condições de trabalho*: envolvendo as características do ambiente de trabalho como barulho, iluminação, temperatura muito alta ou muito baixa, riscos envolvidos em termos de insalubridade e periculosidade. Em geral, esse fator de análise é considerado apenas em cargos fabris ou de produção em situações críticas. Portanto, vamos deixá-lo de lado.

Os fatores de análise de cargos são geralmente divididos em três grupos: requisitos mentais, requisitos físicos e responsabilidades envolvidas.

---

[1] Chiavenato, I. *Recursos humanos:* o capital humano das organizações. Rio de Janeiro: Elsevier/Campus, 2009e.

Quadro 5.2 – Os fatores típicos de análise de cargos

Grupos	Fatores de análise de cargos
Requisitos mentais	* Instrução escolar necessária ao cargo * Experiência anterior necessária
Requisitos físicos	* Esforço físico necessário * Concentração necessária
Responsabilidades envolvidas	* Responsabilidade por máquinas e bens * Responsabilidade por dinheiro

Os fatores de análise de cargos proporcionam um instrumento de medida para analisar comparativamente todos os cargos da empresa. Na realidade, os fatores de análise funcionam como parâmetros ou métricas que apresentam valores diferentes para cada cargo. Todo cargo exige alguma instrução escolar, mas cada cargo exige uma quantidade específica dela. Todo cargo exige alguma experiência profissional anterior, mas cada cargo exige uma diferente experiência profissional. E assim por diante. Cada empresa escolhe os fatores de análise de acordo com a natureza dos seus cargos. Os fatores de análise devem permitir uma análise comparativa de todos os cargos existentes na empresa.

Quase sempre os fatores de análise são aproximadamente aqueles que enunciamos anteriormente. Para facilitar a análise de cargos, as empresas elaboram um formulário específico, no qual estão colocados os fatores de análise e seus respectivos graus de variação, geralmente denominados graus a, b, c e d, como na Figura 5.3.

A descrição e análise de cargos proporcionam uma visão mais ampla e profunda do conteúdo do cargo e das características que o ocupante deve possuir para preenchê-lo adequadamente. O passo seguinte é avaliar e classificar os cargos descritos e analisados.

Avaliação e classificação de cargos

Para que os cargos possam ser administrados, eles precisam ser classificados. E a classificação de cargos depende dos resultados de sua avaliação. A partir da avaliação, pode-se fazer a classificação de cargos.

ANÁLISE DE CARGO

Nome do cargo: ______________________________

Divisão/departamento: ______________________________

Para executar as tarefas exigidas pelo cargo acima, assinale abaixo o grau de cada um dos requisitos que o ocupante deverá possuir, fazendo um X no espaço entre os parênteses.

I) Requisitos mentais:

1) Instrução ou escolaridade:
( ) Ensino fundamental
( ) Ensino médio
( ) Ensino superior

2) Experiência profissional anterior:
( ) Experiência prévia de 6 meses
( ) Experiência prévia de 1 ano
( ) Experiência prévia de 2 anos
( ) Experiência prévia de 3 anos ou mais

II) Requisitos físicos:

1) Esforço físico necessário ao cargo:
( ) Trabalho levíssimo sem nenhum esforço físico
( ) Trabalho leve com pouco esforço físico
( ) Trabalho regular com algum esforço físico
( ) Trabalho pesado com muito esforço físico

2) Concentração mental ou visual necessária:
( ) Trabalho simples e sem nenhuma concentração
( ) Trabalho regular e com pouca concentração
( ) Trabalho cansativo com alguma concentração
( ) Trabalho desgastante com excessiva concentração

III) Responsabilidades do cargo:

1) Responsabilidade por máquinas e equipamentos:
( ) O ocupante não lida com máquinas e equipamentos
( ) Pouquíssima responsabilidade por bens da empresa
( ) Alguma responsabilidade por bens da empresa
( ) Muita responsabilidade por máquinas e equipamentos

2) Responsabilidade por dinheiro:
( ) O ocupante não lida com dinheiro da empresa
( ) O ocupante lida com pouco dinheiro da empresa
( ) O ocupante lida com algum dinheiro da empresa
( ) O ocupante lida com muito dinheiro da empresa

Figura 5.3 – Formulário de análise de cargo.
Fonte: Chiavenato (2009e).

Avaliação de cargos

Avaliar um cargo consiste em estabelecer o seu valor relativo em comparação com os demais cargos da empresa através de alguma métrica que permita essa comparação. A avaliação de cargos está preocupada em estabelecer um sistema de valores capaz de permitir uma comparação relativa entre os cargos da empresa.

Métodos de avaliação de cargos

Existem várias maneiras de determinar e administrar sistemas de pagamento. A avaliação de cargos está relacionada com a obtenção de dados que permitirão uma conclusão acerca do preço para cada cargo, indicando as diferenças essenciais entre os cargos, seja quantitativa ou qualitativamente.

O ponto de partida para qualquer esquema de avaliação de cargos é obter informação a respeito dos cargos através da análise de cargos para se tomar as decisões comparativas sobre eles. A avaliação de cargos enfatiza a natureza e o conteúdo dos cargos e não as características próprias das pessoas que os ocupam. Para tanto, a avaliação de cargos deve fundamentar-se nas informações prestadas pela análise dos cargos.

Todos os métodos de avaliação de cargos são eminentemente comparativos: ou comparam os cargos entre si ou comparam os cargos com alguns critérios (categorias ou fatores de avaliação) tomados como base de referência[2].

Quadro 5.3 – Métodos de avaliação de cargos

	Esquema de comparação	
Base de comparação	**Cargo como um todo**	**Partes do cargo ou fatores**
Cargo *versus* cargo	1. Escalonamento de cargos	4. Comparação por fatores
Cargo *versus* critério	2. Categorias predeterminadas	3. Pontos

[2] Esta parte está baseada sobretudo em: Chiavenato, I. *Recursos humanos:* o capital humano das organizações. Rio de Janeiro: Elsevier/Campus, 2009e.

1) *Método do escalonamento (job ranking)*: é também denominado método da comparação simples e consiste em dispor os cargos em um rol (crescente ou decrescente) em relação a algum critério de comparação. Recebe também o nome de comparação cargo a cargo pelo fato de que cada cargo é comparado com os demais em função do critério escolhido como base de referência. Trata-se do mais rudimentar dos métodos de avaliação de cargos, pois a comparação entre os cargos é global e sintética, sem considerar nenhuma análise ou decomposição. Assim, a comparação tende a ser superficial.

Trata-se do método mais simples, pois não exige muitos detalhes na análise dos cargos e pode ser utilizado com rapidez e com pequeno custo de tempo, energia e recursos. Embora produza uma estrutura de cargos pouco discriminativa, pode proporcionar uma base aceitável para estruturar salários de diversos cargos. É um método não analítico, no sentido de que os cargos não são detalhados em seus elementos componentes e requisitos para uma cuidadosa avaliação e comparação, mas são comparados com todos os demais. É um método não quantitativo, no sentido de que não dá nenhuma indicação do grau de

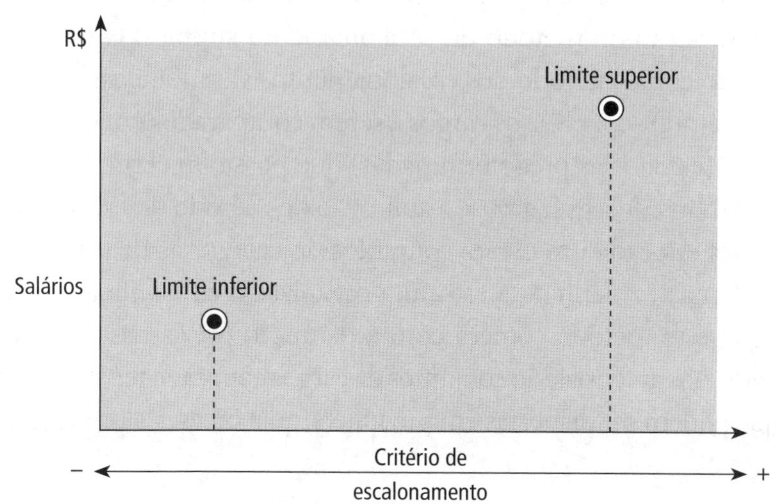

Figura 5.4 – Método do escalonamento.

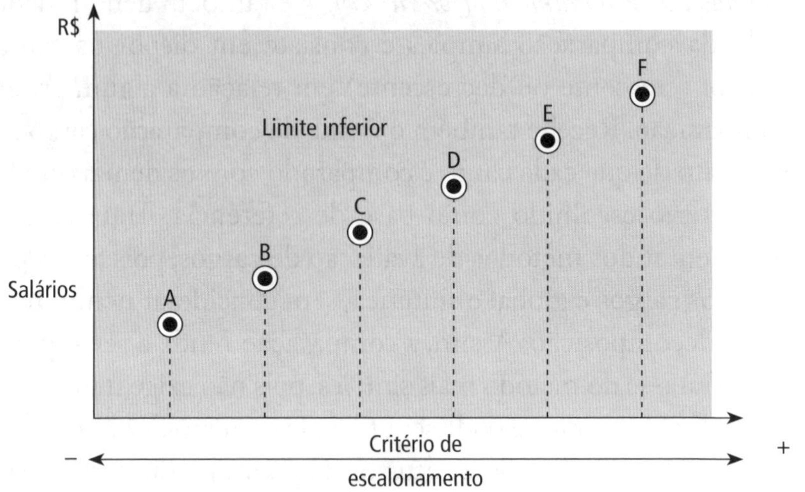

Figura 5.5 – Método do escalonamento por cargos de referência.

diferença entre os cargos, mas simplesmente indica se um cargo requer mais ou menos de uma pessoa ou se é mais ou menos importante para a organização do que os demais cargos. Como o nome indica, este método produz uma ordem de escalonamento de cargos[3].

2) *Método das categorias predeterminadas (job classification)*: trata-se de uma variação do método do escalonamento simples. É também conhecido como método dos escalonamentos simultâneos. Para aplicar esse método separa-se os cargos a serem comparados em conjuntos de cargos (categorias predeterminadas) que possuam certas características comuns. A seguir, faz-se a aplicação do método do escalonamento simples em cada um desses conjuntos ou categorias de cargos[4].

Uma vez definida a estrutura organizacional e feita a análise dos cargos, este método começa com a definição prévia das categorias de cargos. As categorias são conjuntos de cargos com características comuns e que podem ser dispostas em uma hierarquia ou escala prefixada.

---

[3] Livy, B. *Job evaluation:* a critical review. Londres: George Allen & Unwin, 1975, p.54

[4] Chiavenato, I. Op. cit.

Algumas empresas predeterminam as seguintes categorias de cargos:

- ✔ Cargos mensalistas:
  - de supervisão
  - de execução (não de supervisão)
- ✔ Cargos horistas:
  - especializados
  - qualificados
  - não qualificados ou braçais.

Outras utilizam três categorias principais, como no Quadro 5.4.

Quadro 5.4 – Classificação dos cargos em categorias predeterminadas

Categoria 1	Cargos não qualificados	Trabalho rotineiro em sua essência requerendo pouca precisão e experiência restrita
Categoria 2	Cargos qualificados	Requerem certo potencial mental e alguma experiência geral e específica no desempenho de tarefas de certa variedade e dificuldade
Categoria 3	Cargos especializados	Requerem espírito analítico e criador para a solução de problemas técnicos complexos e desenvolvimento de métodos

As categorias predeterminadas devem ser reconhecidas através de acordos ao nível sindical ou junto à Delegacia Regional do Trabalho. É também necessário definir claramente cada categoria em termos de nível de responsabilidade e de outros requisitos típicos de cada uma. As definições das categorias devem ser escritas e passam a constituir um padrão ou marco contra o qual os outros cargos são avaliados e encaixados no grau apropriado. É interessante definir um cargo de referência para cada categoria, a fim de facilitar o processo de comparação. Os critérios para a seleção dos cargos de referência podem ser a importância e relevância do cargo de referência e a facilidade de comparação do mesmo com outros cargos a serem comparados. Sua finalidade é constituir um meio prático de classificar todos os cargos em uma organização, de acordo com as definições de categorias. Essa tarefa costuma ser atribuída a uma comissão de avaliação de cargos e os resultados são obtidos por meio de consenso entre seus membros (Figura 5.6).

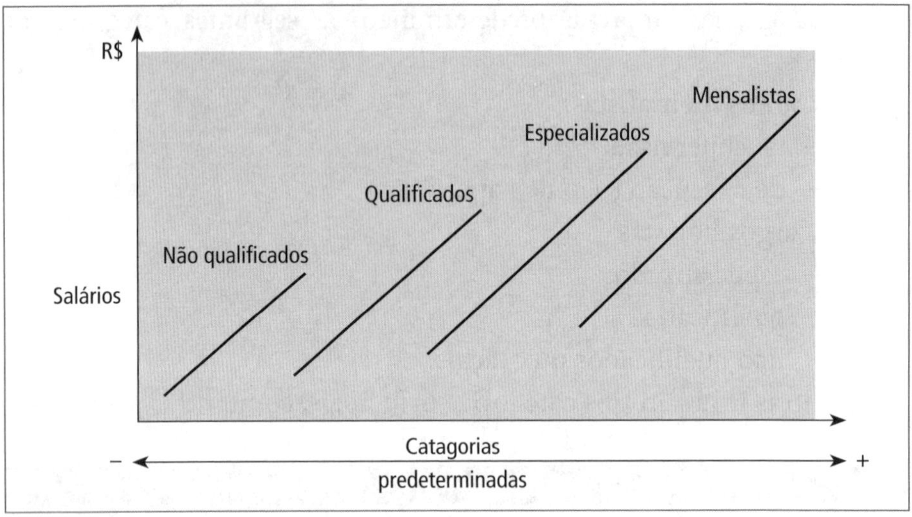

Figura 5.6 – Os escalonamentos múltiplos por meio do método das categorias predeterminadas.

Embora tragam vantagens, como rapidez e simplicidade administrativa, os métodos qualitativos nem sempre são bem-sucedidos. Por essas razões, métodos mais acurados e baseados em técnicas quantitativas de avaliação de cargos tornaram-se mais utilizados.

3) *Método da comparação de fatores (factor comparison)*: utiliza também o princípio do escalonamento. É uma técnica analítica, no sentido de que os cargos são comparados por meio de fatores de avaliação. A criação desse método é atribuída a Eugene Benge[5], que propôs cinco fatores genéricos, a saber: requisitos mentais, habilidades requeridas, requisitos físicos, responsabilidade e condições de trabalho.

Os fatores constituem critérios de comparação, isto é, métricas ou instrumentos de comparação que permitirão escalonar os cargos a avaliar. A escolha dos fatores de avaliação dependerá das características dos cargos a avaliar. A ideia básica desse método é identificar poucos, mas amplos, fatores para proporcionar simplicidade e rapidez nas comparações. Quanto melhor a definição de cada um dos

---

[5] Benge, E.J.; Burk, S.H.L; Hay, E.N. *Manual of job evaluation*. New York: Harper & Row, 1941.

fatores, tanto maior a precisão do método. A escolha de cargos de referência para cada um dos fatores escolhidos serve para comparar os cargos. Suponhamos o caso de avaliação dos cargos de recepcionista e de limpador apresentado no Quadro 5.5 adiante.

Quadro 5.5 – Escalonamento de fatores em dois cargos de referência

Ordem de escalonamento dos fatores	Limpador	Recepcionista
1	Requisitos físicos	Habilidades requeridas
2	Condições de trabalho	Responsabilidade
3	Habilidades requeridas	Requisitos mentais
4	Responsabilidade	Requisitos físicos
5	Requisitos mentais	Condições de trabalho

Fonte: Chiavenato (2009e).

Os escalonamentos são independentes para cada fator, ou seja, com cada fator se faz o escalonamento dos cargos. Os cargos de referência servem como base de comparação. Os fatores de avaliação devem ser posicionados e ponderados quanto à sua contribuição individual para o total (o que pode ser dado em base de porcentagem) de modo que a soma total de salário obtida para um cargo de referência possa ser dividida e considerada em termos absolutos para cada fator. O cargo de referência de recepcionista recebe um salário de R$ 1.200,00 e o de limpador, R$ 600,00 mensais. Utilizando os fatores de Benge, suponhamos que a comissão de avaliação decida sobre a importância relativa de cada fator em cada cargo de referência da seguinte maneira:

Quadro 5.6 – Avaliação dos fatores nos dois cargos de referência

Fatores de avaliação	Recepcionista (R$)	Limpador (R$)
Requisitos mentais	240,00	40,00
Habilidades requeridas	400,00	120,00
Requisitos físicos	160,00	200,00
Responsabilidade	320,00	80,00
Condições de trabalho	80,00	160,00
TOTAL	**R$ 1.200,00**	**R$ 600,00**

Cada um dos cargos de referência deve ter um valor monetário para cada fator de avaliação, como no caso anterior. Nesse método, a avaliação dos fatores é a parte do trabalho que atribui valores monetários para cada fator. Se o salário é conhecido, então cada fator deve ter um valor correspondente de salário. A soma total dos valores dos fatores constitui cem por cento do salário. Assim, essa avaliação dos fatores pode ser feita em percentagem ou em dinheiro.

A seguir, vem a montagem da matriz de escalonamento e de avaliação dos fatores. É preciso reconciliar os resultados obtidos na avaliação de fatores com aqueles obtidos no escalonamento original dos fatores. Em outras palavras, deve haver conformidade entre as diferenças relativas indicadas pelo escalonamento e as diferenças absolutas encontradas nas alocações salariais arbitrárias e subjetivas. Na prática, essa tarefa não é muito fácil. O meio mais simples é montar a matriz de escalonamento de fatores, na qual cada fator de avaliação é desdobrado e escalonado de acordo com sua importância nos cargos de referência, como no Quadro 5.7.

Quadro 5.7 – Matriz de escalonamento de fatores

Ordem de escalonamento	Requisitos mentais	Habilidades requeridas	Requisitos físicos	Responsabilidade	Condições de trabalho
1		Recepcionista	Limpador		
2				Recepcionista	Limpador
3	Recepcionista	Limpador			
4			Recepcionista	Limpador	
5	Limpador				Recepcionista

Fonte: Chiavenato (2009e).

A matriz é apenas um mapa que mostra as diferenças relativas entre os cargos e não indica as diferenças absolutas, que é o que se deseja. As diferenças absolutas serão determinadas pelo processo de avaliação de fatores. Com os resultados da avaliação dos fatores, a matriz anterior é completada para se transformar em uma matriz de escalonamento e avaliação de fatores (Quadro 5.8).

Quadro 5.8 – Matriz de escalonamento e avaliação de fatores

Ordem de escalonamento	Requisitos mentais	Habilidades requeridas	Requisitos físicos	Responsa-bilidade	Condições de trabalho
1		Recepcionista (R$ 400,00)	Limpador (R$ 200,00)		
2				Recepcionista (R$ 320,00)	Limpador (R$ 160,00)
3	Recepcionista (R$ 240,00)	Limpador (R$ 120,00)			
4			Recepcionista (R$ 160,00)	Limpador (R$ 80,00)	
5	Limpador (R$ 40,00)				Recepcionista (R$ 80,00)

Fonte: Chiavento (2009e).

O passo seguinte é transformar a matriz de escalonamento e avaliação de fatores em uma escala comparativa de cargos, como sugere o Quadro 5.9.

Quadro 5.9 – Escala comparativa de cargos

Valores em R$	Requisitos mentais	Habilidades requeridas	Requisitos físicos	Responsabili-dade	Condições de trabalho
40	Limpador				
80				Limpador	Recepcionista
120		Limpador			
160			Recepcionista		Limpador
200			Limpador		
240	Recepcionista				
280					
320				Recepcionista	
360					
400		Recepcionista			
440					
480					
520					

Fonte: Chiavenato (2009e).

Com a escala comparativa de cargos está pronto o instrumento de avaliação de cargos pelo método da comparação por fatores. Por meio dessa escala, cada cargo é escalonado em cada um dos fatores pela comparação por fatores. A seguir, procede-se à soma dos valores em reais (ou em porcentagem) para se ter a avaliação global do cargo.

Novos ajustamentos são necessários enquanto houver contradições ou anomalias no processo duplo de escalonamento de fatores e de avaliação de fatores, até que os resultados se tornem consistentes. Essa técnica é menos acurada do que a avaliação por pontos e, por essa razão, é apropriada para cargos de menor complexidade. Suas dificuldades são grandes e as críticas, muito numerosas.

4) *Método de avaliação por pontos (point rating)*. Também denominado método de avaliação por fatores e pontos, tornou-se o método mais usado nas empresas[6]. É o mais aperfeiçoado e o mais utilizado dos métodos aqui expostos. A técnica é analítica: cargos são comparados por meio de fatores de avaliação em suas partes componentes. É também uma técnica quantitativa: são atribuídos valores numéricos (pontos) para cada elemento do cargo e um valor total é obtido pela soma dos valores numéricos (contagem de pontos).

O método de avaliação por pontos se fundamenta na análise de cargos e exige uma definição dos fatores de avaliação (que são os mesmos fatores de especificações escolhidos pelo programa de análise de cargos). Em geral, são constituídos em quatro grupos de fatores[7]:

- *Requisitos mentais*: exigências dos cargos quanto às características intelectuais do ocupante.
- *Requisitos físicos*: exigências dos cargos quanto às características físicas do ocupante.
- *Responsabilidades envolvidas*: exigências dos cargos quanto àquilo que o ocupante deve responder.

---

[6] Lott, M.R. *Wage scales and job evaluation*. New York: Ronald Press, 1926.

[7] Chiavenato, I. Op.cit.

- *Condições de trabalho*: condições físicas sob as quais o ocupante desempenha o cargo.

Esses quatro grupos costumam envolver os seguintes fatores:

Quadro 5.10 – Fatores de avaliação de cargos

Requisitos mentais:	**Responsabilidade por:**
Instrução essencial Experiência anterior Iniciativa e engenhosidade	Supervisão de pessoal Material ou equipamento Métodos ou processos Informações confidenciais
Requisitos físicos:	**Condições de trabalho:**
Esforço físico necessário Concentração mental ou visual	Ambiente de trabalho Riscos

Fonte: Chiavenato (2009e).

A seguir, os fatores de avaliação são ponderados de acordo com sua importância relativa, já que os fatores não são idênticos em sua contribuição ao desempenho dos cargos. A ponderação consiste em atribuir a cada fator de avaliação o seu peso relativo nas comparações entre os cargos. Geralmente, utiliza-se o peso percentual com que cada fator entra na avaliação dos cargos, como no Quadro 5.11.

Quadro 5.11 – Ponderação dos fatores de avaliação

Fatores	**Ponderação**
Requisitos mentais	
1) Instrução essencial	15
2) Experiência anterior	20
3) Iniciativa e engenhosidade	15
Requisitos físicos	
4) Esforço físico necessário	6
5) Concentração mental ou visual	6
Responsabilidade por	
6) Supervisão de pessoal	10
7) Material ou equipamento	4
8) Métodos ou processos	4
9) Informações confidenciais	4

(continua)

Quadro 5.11 – Ponderação dos fatores de avaliação *(continuação)*

Fatores	Ponderação
Condições de trabalho	
10) Ambiente de trabalho	6
11) Riscos	10
Total	**100**

Fonte: Chiavenato (2009e).

A partir da ponderação dos fatores pode-se atribuir valores numéricos (pontos) aos graus de cada fator. O grau mais baixo de cada fator (grau A) corresponde ao valor da porcentagem de ponderação. Os valores ponderados servem de base para a armação de escala de pontos e constituirão o valor em pontos para o grau A de cada fator. Com os valores numéricos (pontos) para o grau A de cada fator, o passo seguinte é a atribuição de pontos para os graus B, C, D e assim por diante. Trata-se de estabelecer uma progressão de pontos ao longo dos diversos graus de cada fator. Pode-se utilizar uma progressão aritmética, geométrica ou uma progressão arbitrária (Quadro 5.12).

Quadro 5.12 – As progressões da escala de pontos

	Graus				
Progressão	**A**	**B**	**C**	**D**	**E**
Progressão aritmética	5	10	15	20	25
Progressão geométrica	5	10	20	40	80
Progressão arbitrária	5	12	17	22	25

Fonte: Chiavenato (2009e).

Enquanto a progressão aritmética faz com que o valor de cada grau aumente por meio de um valor constante, tendendo a produzir uma reta salarial, as outras progressões tendem a produzir, como consequência, uma curva salarial. Adotando-se a progressão aritmética sobre os fatores já ponderados, obtém-se a seguinte escala de pontos.

Quadro 5.13 – Escala de pontos

Fator	Grau A	Grau B	Grau C	Grau D	Grau E	Grau F
Requisitos mentais						
1) Instrução essencial	15	30	45	60	75	90
2) Experiência anterior	25	50	75	100	125	150
3) Iniciativa e engenhosidade	15	30	45	60	75	90
Requisitos físicos						
4) Esforço físico necessário	6	12	18	24	30	36
5) Concentração mental ou visual	6	12	18	24	30	36
Responsabilidade por						
6) Supervisão de pessoal	10	20	30	40	50	60
7) Material ou equipamento	4	8	12	16	20	24
8) Métodos ou processos	4	8	12	16	20	24
9) Informações confidenciais	4	8	12	16	20	24
Condições de trabalho						
10) Ambiente de trabalho	6	12	18	24	30	36
11) Riscos	10	20	30	40	50	60

Fonte: Chiavenato (2009e).

Feita a montagem da escala de pontos, passa-se a definir o significado de cada grau de cada um dos fatores de avaliação. Trata-se da montagem do Manual de Avaliação de Cargos, uma espécie de dicionário ou padrão de comparação entre os diversos graus de cada fator e seus respectivos valores em pontos. Cada fator ocupa uma página do manual (Quadro 5.14).

Com o Manual de Avaliação de Cargos passa-se a avaliar os cargos. Toma-se um fator de cada vez e comparam-se com ele todos os cargos, anotando-se o grau e o número de pontos de cada cargo naquele fator. Para tanto se utiliza um formulário de dupla entrada: nas linhas ficam os cargos e nas colunas, os fatores de avaliação com o modelo apresentado adiante. Nessa etapa, cada cargo passa a corresponder a um valor em pontos obtido pela soma dos pontos em cada fator.

Quadro 5.14 – Redação do manual de avaliação

1. Instrução essencial

Este fator considera o grau de instrução geral ou treinamento específico preliminar exigidos para o adequado desempenho do cargo. Deve considerar somente a instrução aplicável ao cargo e não à educação formal da pessoa que atualmente o ocupa.

Grau	Descrição	Pontos
A	O cargo requer que o ocupante saiba ler e escrever ou que seja alfabetizado.	15
B	O cargo requer nível de instrução correspondente ao ensino fundamental (1ª a 4ª série) ou equivalente.	30
C	O cargo requer nível de instrução correspondente ao ensino fundamental (5ª a 9ª série) ou equivalente.	45
D	O cargo requer nível de instrução correspondente ao ensino médio ou equivalente.	60
E	O cargo requer nível de instrução correspondente ao ensino superior completo.	75
F	O cargo requer nível de instrução correspondente ao ensino superior completo, mais curso de pós-graduação.	90

Fonte: Chiavenato (2009e).

Quadro 5.15 – Modelo de formulário de dupla entrada para avaliação de cargos

	Instrução		Experiência		Iniciativa		Ambiente de trabalho		
Cargos	**Graus**	**Pontos**	**Graus**	**Pontos**	**Graus**	**Pontos**	**Graus**	**Pontos**	**Total de pontos**
Digitador	B	30	A	25	A	15	A	6	76
Escriturário auxiliar	C	45	B	50	B	30	A	6	131
Escriturário especializado	C	45	C	75	C	45	A	6	171
Desenhista	B	30	C	75	B	30	A	6	141
Secretária auxiliar	C	45	B	50	B	30	A	6	131
Secretária bilíngue	D	60	C	75	C	45	A	6	186
Supervisor de segurança	D	60	D	100	E	75	B	12	247
Recrutador de pessoal	C	45	C	75	D	60	B	12	192
Auxiliar de custos	D	60	D	100	D	60	A	6	226
Auxiliar de importação	D	60	D	100	C	45	A	6	211

A tarefa agora é converter os valores dos pontos em valores monetários. O primeiro passo é fazer uma correlação entre o valor de cada cargo em pontos e o salário médio dos ocupantes. Com os valores em pontos e em salários atualmente pagos pela organização, pode-se plotar um gráfico com valores em pontos (no eixo das abscissas (x)), e em salários (no eixo das coordenadas (y)). Para relacionar os valores de x (pontos) e de y (salários), constrói-se um gráfico de distribuição de frequências para indicar a relação entre os valores da avaliação dos cargos e os respectivos salários atualmente pagos (Figura 5.7).

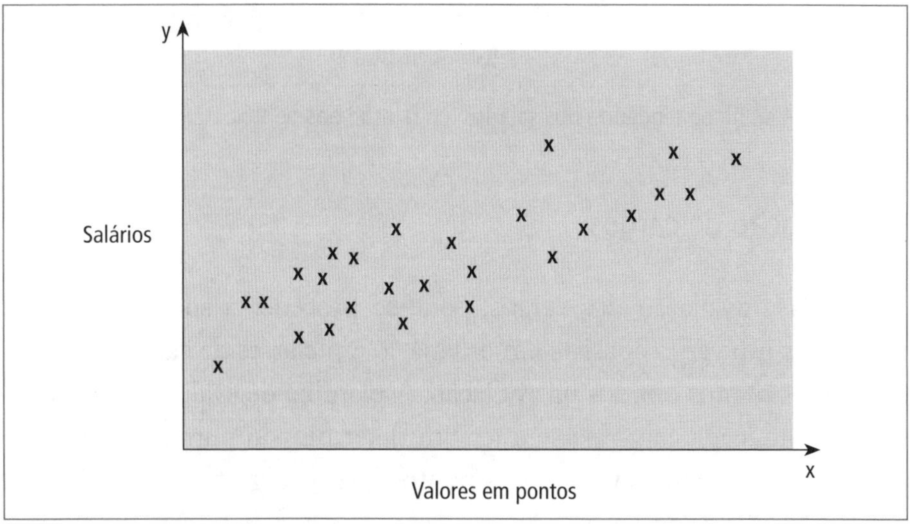

Figura 5.7 – Gráfico com valores em pontos e em salários.

Com o gráfico da Figura 5.7 desenha-se a linha média, isto é, a linha de tendência dos salários (reta ou curva salarial) que tenha o menor afastamento médio possível dos pontos dispersos no gráfico da Figura 5.8.

A linha de tendência pode ser calculada por meio do método dos mínimos quadrados ou por procedimentos estatísticos similares para a obtenção de uma reta ou parábola que identifique a correlação entre pontos e salários. Trata-se de processo matemático usado para calcular uma linha única ao longo de uma série de pontos específicos dispersos.

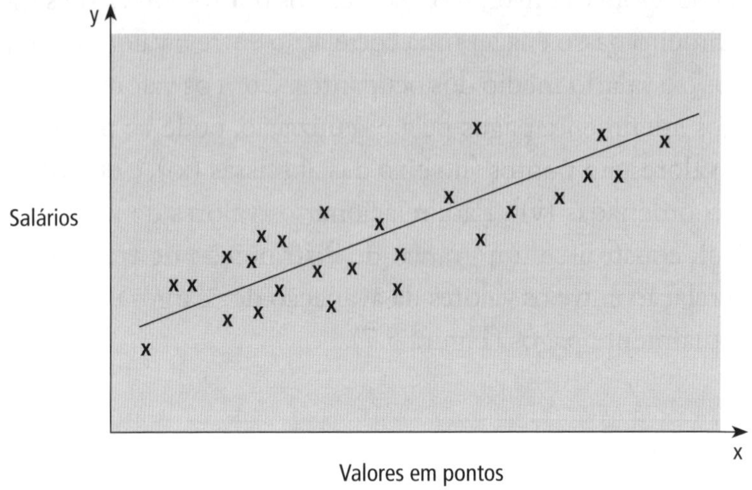

Figura 5.8 – Linha de tendência dos salários em relação aos pontos.

Classificação de cargos

Feita a avaliação dos cargos, pode-se proceder à sua classificação. Classificar um cargo consiste em ordená-lo em classes de cargos de acordo com os pontos obtidos na avaliação. A planilha de avaliação de cargos permite que cada cargo passe a ter um determinado número de pontos por meio da soma dos valores dos pontos que o cargo alcançou em cada um dos fatores de avaliação. O passo seguinte é a classificação dos cargos, isto é, a sua colocação em classes de pontos. No Quadro 5.16, a classe I possui cargos cujos valores vão de 100 a 150 pontos; a classe II possui cargos cujos valores vão de 151 a 200 pontos; e assim por diante. A amplitude de cada classe de pontos e seus valores inferiores e superiores de cada classe variam enormemente de empresa para empresa. E nem precisam ter a mesma amplitude. Em alguns casos, na medida em que a classe cresce, também aumenta sua amplitude de pontos. O importante é que cada classe de pontos tenha uma amplitude de pontos e uma faixa de valores de salário. Os cargos de cada classe de cargos devem ter salários que variam entre o limite inferior e o limite superior de salário. Como o salário é reajustado periodicamente conforme os acordos sindicais, inflação, custo de vida, produtividade, a cada reajuste salarial efetua-se simplesmente a aplicação do percentual de reajuste no valor de cada faixa salarial.

Quadro 5.16 – Classes de cargos e respectivas faixas salariais

Classes de cargos	Valores em pontos	Faixas salariais
I	de 100 a 150	de R$ 1.201,00 a R$ 1.800,00
II	de 151 a 200	de R$ 1.801,00 a R$ 2.400,00
III	de 201 a 250	de R$ 2.401,00 a R$ 3.000,00

Cada faixa salarial deve definir o salário de admissão, o salário após o período experimental e o salário teto da faixa para os funcionários que apresentem um desempenho excepcional no cargo de acordo com a avaliação do desempenho. Assim, a avaliação do desempenho tem importante papel na remuneração do pessoal, como veremos mais adiante.

Em resumo, a avaliação e classificação de cargos proporcionam as condições básicas e fundamentais para o equilíbrio interno dos salários. Trata-se agora de buscar o equilíbrio externo dos salários, isto é, dos salários da empresa com os salários pagos aos mesmos cargos no mercado de trabalho. Isso é feito por meio de pesquisas salariais.

Pesquisa salarial

A AS utiliza pesquisas salariais periódicas a fim de assegurar o equilíbrio externo dos salários da empresa em relação aos salários pagos no mercado de trabalho. A pesquisa salarial representa a maneira de coletar e processar informações a respeito dos salários pagos em outras empresas escolhidas como representativas do mercado. Assim, antes de definir as estruturas salariais da empresa, convém pesquisar e analisar os salários da comunidade por meio de[8]:

[8] Ibid.

- Uso de pesquisas feitas por empresas nas quais tenha participado.
- Uso de pesquisas feitas por empresas especializadas.
- Promover a sua própria pesquisa salarial.

Montagem de uma pesquisa salarial

A montagem de uma pesquisa de salários deve levar em conta os seguintes aspectos:

- Quais serão os cargos pesquisados (cargo de referência).
- Quais serão as empresas pesquisadas (empresas participantes).
- Qual será a época da pesquisa (periodicidade).

A pesquisa de salários pode ser feita por meio de:

- Questionários.
- Visitas a empresas.
- Reuniões periódicas com especialistas em salários.
- Telefonemas e e-mails a especialistas em salários.
- Aquisição de pesquisas feitas por empresas especializadas.

Seleção dos cargos de referência

Ao promover a pesquisa salarial, a empresa deve selecionar os cargos que considera como cargos de referência, para testar a sua estrutura salarial. Os cargos de referência podem ser:

- Cargos que representam os vários pontos da curva salarial da empresa.
- Cargos facilmente identificáveis no mercado.
- Cargos que representam os setores de atividade da empresa.

Os cargos de referência devem representar o mercado de trabalho, de um lado, e representar a estrutura de salários da empresa, de outro. São ao mesmo tempo amostras do mercado de salários externo e da estrutura interna de salários da empresa. Por isso serem denominados cargos amostrais. Devem ser cuidadosamente selecionados para poderem proporcionar comparações claras e adequadas entre a empresa e o mercado.

Seleção das empresas participantes

Os critérios adotados para a escolha das empresas que deverão ser convidadas a participar da pesquisa salarial como amostras do mercado de trabalho são:

- *Localização geográfica da empresa.* Existem cargos cujos ocupantes são influenciados pelo mercado local de trabalho, desinteressando-se de ofertas de trabalho em locais distantes. É o caso de funcionários que tendem a buscar emprego em seu próprio bairro para diminuir tempo e gastos com condução ao trabalho, que representa parte considerável de seu salário e tempo.
- *Ramo de atividade da empresa.* Deve existir alguma similaridade de operações e atividades que se traduz na tipologia dos cargos. As empresas do mesmo ramo da atividade empregam tecnologias comparáveis entre si, o que se espelha nos cargos. A pesquisa de cargos técnicos ou operacionais ligados diretamente à natureza das atividades da empresa exige a escolha de empresas do mesmo ramo de atividade, como nos bancos, universidades, siderúrgicas, hospitais, indústrias de plásticos ou oficinas mecânicas.
- *Tamanho da empresa.* Muitos cargos estão relacionados com o tamanho da empresa em decorrência da amplitude administrativa ou do volume de responsabilidade envolvida. Diretores ou gerentes têm características de remuneração diferentes em empresas pequenas, médias ou grandes.
- *Política salarial da empresa.* Quando a empresa pretende seguir uma política salarial agressiva, ela escolhe participantes com políticas salariais mais avançadas. Quando pretende pagar ao redor da média do mercado, ela escolhe participantes conservadores em sua política salarial.

Quando se trata de pesquisa salarial abrangente é comum escolher amostras de empresas aplicando-se os vários critérios anteriormente citados. O número de empresas que deve compor uma pesquisa salarial varia em função do nível de detalhamento e precisão da pesquisa, bem como do tempo disponível para sua conclusão.

Além dos salários, a pesquisa pode envolver outros elementos, como informações sobre política salarial e benefícios que as empresas oferecem (faixas salariais, influência do mérito no salário, aumento por promoções, assistência médica e social, restaurante etc.), bem como dados sobre o comportamento organizacional (*turnover*, absenteísmo, produtividade etc.) (Figura 5.9).

PESQUISA SALARIAL

Empresa pesquisada: ____________________ Data: ___/___/___

Título do cargo: ____________________ Código: __________

Descrição sumária do cargo: ____________________

____

Frequência	Salários	Frequência	Salários	Frequência	Salários

Resumo

Frequência total	Menor salário	Maior salário	Salário médio

Figura 5.9 – Questionário de pesquisa salarial.

POLÍTICA SALARIAL

Representa o conjunto de princípios e diretrizes que refletem a orientação e a filosofia da organização no que tange aos assuntos de remuneração de seus funcionários. Envolve normas presentes e futuras, bem como decisões sobre casos individuais que devem orientar-se por esses princípios e diretrizes. A política salarial não é estática. Pelo contrário, é dinâmica e evolui pela aprendizagem, aperfeiçoando-se com sua aplicação frente a situações que se modificam com rapidez[9].

O conteúdo de uma política salarial envolve os seguintes aspectos:

- ✔ *Estrutura de cargos e salários*: classificação dos cargos e as faixas salariais para cada classe de cargos.
- ✔ *Salários de admissão para as diversas classes salariais*: coincide com o limite inferior da classe salarial.
- ✔ *Previsão de reajustes salariais*: por determinaçnao legal (dissídios coletivos ou espontâneos. Os reajustes salariais podem ser:
  - *Reajustes coletivos (ou por custo de vida):* visam a restabelecer o valor real dos salários face às alterações na conjuntura econômica do país ou no poder aquisitivo das pessoas.
  - *Reajustes individuais*: suplementam os ajustes coletivos e podem classificar-se em:
    - *Reajustes por promoção*: entende-se por promoção o exercício autorizado, contínuo e definitivo de cargo diverso do atual, em nível funcional superior.
    - *Reajustes por enquadramento*: a empresa procura pagar salários compatíveis com os salários pagos no mercado de trabalho.
    - *Reajustes por mérito*: são concedidos aos funcionários recompensados pelo seu desempenho excepcional.

---

[9] Ibid.

O objetivo da remuneração é criar um sistema de recompensas que seja equitativo tanto para a organização como para as pessoas. Para tanto, uma política salarial deve atender a sete critérios para ser eficaz[10]:

1) *Adequada*: a compensação deve distanciar-se dos padrões mínimos do governo e do sindicato.
2) *Equitativa*: cada pessoa deve ser paga proporcionalmente de acordo com seu esforço, habilidades e treinamento.
3) *Balanceada*: salários, benefícios e outras recompensas devem proporcionar um razoável pacote total de recompensas.
4) *Eficácia quanto a custos*: salários não podem ser excessivos, considerando o que a organização pode pagar.
5) *Segura*: salários devem ser suficientes para dar segurança aos empregados e ajudá-los a satisfazer suas necessidades básicas.
6) *Incentivadora*: salários devem motivar eficazmente o trabalho produtivo.
7) *Aceitável para os funcionários*: que devem compreender claramente o sistema de salários e sentir que ele é razoável para eles e para a empresa também.

A política salarial de uma empresa define exatamente qual é o perfil de seus funcionários, pois ela constitui o fator de atração e retenção de talentos dentro da organização.

Questões para revisão

1) Qual é o significado do salário para as pessoas?
2) Qual é o significado do salário para a empresa?
3) Por que o salário é um assunto conflitivo?
4) Conceitue Administração de Salários.
5) Por que a Administração de Salários é necessária?

---

[10] Patton, T. *Pay*. New York: Free Press, 1977.

6) Qual é o primeiro passo para a implantação da Administração de Salários?
7) Que tipos de estruturas o organograma é capaz de retratar?
8) Explique o que significa estrutura de órgãos.
9) Explique o que significa estrutura de cargos.
10) O que significam os diferentes níveis hierárquicos do organograma?
11) O que significam as diferentes áreas de especialização do organograma?
12) Conceitue função.
13) Conceitue cargo.
14) O que significa descrever um cargo?
15) Conceitue descrição de cargo.
16) O que significa analisar um cargo?
17) Conceitue análise de cargo.
18) Quais são os fatores de análise de cargos?
19) Em que grupos estão divididos os fatores de análise de cargos?
20) Conceitue requisitos mentais.
21) Quais são os fatores relacionados com requisitos mentais?
22) Conceitue requisitos físicos.
23) Quais são os fatores relacionados com requisitos físicos?
24) Conceitue responsabilidades envolvidas.
25) Quais são os fatores relacionados com responsabilidades envolvidas?
26) Conceitue fatores de análise de cargo.
27) O que são graus?
28) O que significa avaliar um cargo?
29) Conceitue avaliação de cargo.
30) O que significa classificar um cargo?
31) Conceitue classificação de cargo.
32) Qual é o primeiro passo para a classificação de cargos?
33) O que são fatores de avaliação?
34) Qual é a diferença entre fatores de avaliação e fatores de análise?
35) O que significa ponderar os fatores?
36) O que significa pontuar os fatores?

37) Explique a tabela de pontos dos fatores de avaliação.
38) Explique a planilha de avaliação de cargos.
39) O que são classes de cargos?
40) Conceitue avaliação do desempenho.
41) Explique a avaliação do desempenho como responsabilidade de linha e função de *staff*.
42) Qual é o sistema de avaliação do desempenho mais frequente?
43) Explique o sistema de escalas gráficas.
44) O que são fatores de avaliação do desempenho?
45) Quais são os principais fatores de avaliação do desempenho?
46) Explique como funciona a avaliação do desempenho.
47) Conceitue benefícios sociais.
48) Para que servem os planos de benefícios sociais?
49) Qual é a importância dos benefícios sociais?
50) Classifique os benefícios sociais.
51) O que são benefícios legais e benefícios espontâneos?
52) Como são pagos os benefícios espontâneos?

Exercícios

1) Faça com seu superior ou professor uma visita à secretaria e à tesouraria da empresa na qual trabalha ou da instituição de ensino em que estuda e descreva cada um dos cargos ali existentes, utilizando o formulário apresentado neste capítulo.
2) A partir da descrição dos cargos do item 1, analise cada um deles, utilizando o formulário apresentado neste capítulo.
3) Com as descrições e análises já feitas, procure elaborar uma avaliação dos cargos referidos, utilizando a tabela de pontos apresentada neste capítulo.

Capítulo 6

Benefícios e serviços sociais

Tópicos deste capítulo

- Conceituação de benefícios e serviços sociais
- Tipos de benefícios sociais
- Participação no custeio dos benefícios
- Importância dos benefícios sociais
- Questões para revisão
- Exercícios

Existe um intrincado inter-relacionamento entre todas as práticas e processos de RH. Recrutamento, seleção, treinamento, remuneração e avaliação do desempenho guardam entre si uma íntima interação. Tudo o que afeta um processo também afeta todos os demais, pois eles funcionam como verdadeiros vasos comunicantes. Cada um influencia e é influenciado pelos demais. Se o recrutamento e seleção não funcionam adequadamente, a carga sobressai sobre o treinamento e a avaliação. Se a remuneração é precária, ela aumenta a rotatividade e esta traz impactos sobre o recrutamento, seleção e o treinamento. Além disso, a remuneração precisa ser coadjuvada por um programa de benefícios e serviços sociais para proporcionar resultados melhores.

Além do salário – que constitui a remuneração direta –, as empresas também oferecem benefícios e serviços sociais – que constituem a remuneração indireta – aos seus funcionários. Tudo isso depende de fatores internos – específicos de cada empresa – e de fatores externos – decorrentes do mercado, do poder dos sindicatos e da conjuntura econômica do país.

Conceituação de benefícios e serviços sociais

O salário que recebe em função do cargo que ocupa constitui apenas uma parcela daquilo que o funcionário efetivamente recebe da empresa. A outra parcela da remuneração é feita através da concessão de benefícios e serviços sociais. Na maior parte das vezes, a fim de economizar tempo e esforço dos funcionários e obter deles maior produtividade e dedicação, as empresas oferecem certas facilidades e vantagens que levam o nome de benefícios e serviços sociais.

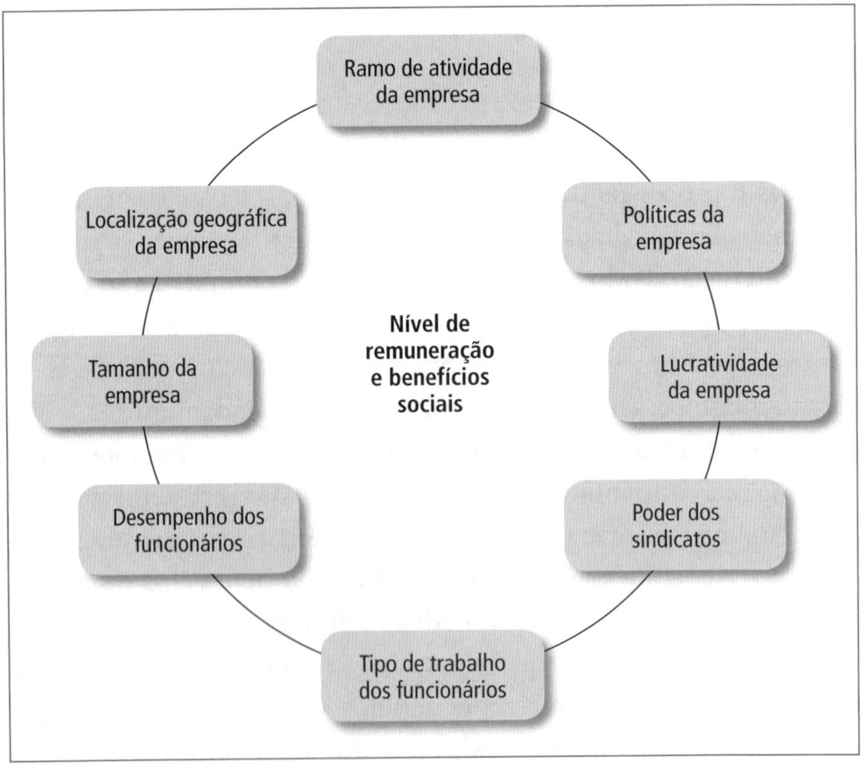

Figura 6.1 – Fatores que influenciam a remuneração e os benefícios sociais.

Benefícios sociais são as facilidades, as conveniências, as vantagens e os serviços que as empresas oferecem aos seus funcionários no sentido de poupar-lhes esforços e preocupações e melhorar sua qualidade de vida, tanto no trabalho como fora dele.

Tipos de benefícios sociais

Há uma variedade incrível de benefícios sociais. Eles podem ser classificados genericamente em relação à sua exigência legal em benefícios legais e benefícios espontâneos. Vejamos cada um deles.

1) *Benefícios legais*: são os benefícios exigidos pela legislação trabalhista ou previdenciária, pela Constituição ou ainda por convenção coletiva entre sindicatos. Os principais benefícios legais são os seguintes:
   - 13º salário.
   - Férias e abono de férias.
   - Aposentadoria por tempo de serviço ou por invalidez.
   - Assistência médico-hospitalar.
   - Auxílio doença.
   - Salário família.
   - Salário maternidade.
   - Adicional de horas extras.
   - Adicional por trabalho noturno.
   - Seguro de acidentes do trabalho.
   - Auxílio refeição.
   - Auxílio transporte.
2) *Benefícios espontâneos*: são os benefícios concedidos por liberalidade pelas empresas aos seus funcionários, como:
   - *Gratificação*: além do 13º salário, muitas empresas oferecem a gratificação natalina. Outras oferecem também gratificações ao longo do ano.

- *Planos de empréstimos*: de acordo com o perfil do funcionário e dependendo de sua solicitação e avaliação da situação.
- *Serviço social*: em termos de assistência social ao funcionário e seus dependentes.
- *Refeitório*: com refeições e restaurante para o pessoal. Geralmente, os custos das refeições são rateados entre empresa e funcionários em proporções que dependem das políticas internas de cada empresa.
- *Transporte*: quase sempre uma frota de ônibus para transportar o pessoal de suas casas para a empresa e vice-versa. Os custos são rateados entre empresa e funcionários em proporções variadas, sendo que algumas empresas oferecem transporte gratuito.
- *Assistência médico-hospitalar*: diferenciada em relação à assistência social do governo e mediante convênio com entidades de prestação de serviços médico-hospitalares. Em alguns casos, inclui também consultórios médicos na própria empresa para atendimento a casos simples ou de emergência.
- *Previdência privada ou plano de complementação de aposentadoria*: com rateio variável dos custos entre empresa e funcionários.
- *Planos de seguro de vida em grupo*: no sentido de reduzir custos e aumentar a segurança psicológica do funcionário e família.
- *Planos recreativos*: como grêmio, clube, festejos, programas de atividades esportivas ou turísticas.
- *Estacionamento gratuito e privativo dos funcionários*: para facilitar a guarda e proteção de seus carros.
- *Convênio ou cooperativa de gêneros alimentícios*: ou convênio com supermercados mediante cartão de crédito ou similar.
- *Agência bancária no local de trabalho*: com oferta de contas-correntes para o pagamento de salários e transações bancárias dos funcionários.

	Financeiros	Não financeiros	Em serviços
Benefícios legais	▪ 13º salário ▪ Férias ▪ Abono de férias ▪ Salário família ▪ Salário maternidade ▪ Adicional – horas extras ▪ Adicional – trabalho noturno ▪ Aposentadoria	▪ Férias	▪ Assistência médica
Benefícios espontâneos	▪ Gratificações ▪ Prêmios de produção ▪ Assistência médico-hospitalar ▪ Seguro de vida em grupo ▪ Empréstimos ▪ Previdência privada ▪ Custeio de refeições ▪ Custeio de transporte	▪ Planos recreativos ▪ Cooperativa	▪ Serviço social ▪ Assistência social ▪ Transporte ▪ Refeitório ▪ Estacionamento ▪ Agência bancária ▪ Grêmio ou clube

Figura 6.2 – Tipos genéricos de benefícios sociais oferecidos pelas empresas.

Quanto às suas características, os benefícios sociais podem ser classificados em benefícios financeiros, não financeiros e em oferta de serviços.

A classificação contida na Figura 6.2 pode ser interpretada de várias maneiras diferentes de acordo com a finalidade que cada empresa empresta aos benefícios e serviços sociais oferecidos aos seus funcionários. Por exemplo: a assistência médico-hospitalar pode ser entendida como um benefício financeiro e espontâneo quando a empresa paga uma parte do convênio contratado e o funcionário paga o restante, como também pode ser entendida como um benefício em serviços ou não financeiro dependendo da maneira como é oferecida pela empresa e utilizada pelo funcionário. Assim, a classificação é meramente pedagógica e nem sempre muito funcional.

Participação no custeio dos benefícios

Em geral, o funcionário não cogita sobre o quanto custa o plano de benefícios e serviços sociais oferecido pela empresa. A razão disso reside no fato de que muitas empresas oferecem planos integralmente pagos por elas e seus funcionários não têm acesso a esses valores e, consequentemente, nenhuma ideia do seu custo ou dimensão. Em geral, são empresas que adotam uma forma de rateio proporcional dos custos dos benefícios e serviços oferecidos. A participação do funcionário no custeio de cada tipo de benefício social é essencial por vários motivos:

1) O funcionário, ao pagar uma parcela do custo do benefício, fica conhecendo seu valor integral e pode avaliar o valor do benefício recebido.
2) Quando o funcionário participa de uma parcela do custo do benefício ele se sente coproprietário do benefício auferido e passa a cuidar dele com moderação e carinho, zelando pela sua qualidade.
3) Quando os funcionários participam de decisões sobre benefícios, eles também participam das responsabilidades pela produtividade e eficácia dos mesmos. A rigor, as empresas estão deixando de ser proprietárias exclusivas dos benefícios para delegar aos funcionários – que são os usuários desses benefícios – funções de gestão do programa de benefícios. Isso tem repercutido favoravelmente tanto no clima organizacional como em economias e redução de custos desnecessários.

Assim, em geral, os benefícios sociais espontâneos são pagos parcialmente pela empresa e parcialmente pelos funcionários em proporções que variam muito no mercado. Algumas empresas chegam a pagar a quase totalidade de alguns dos benefícios oferecidos, deixando aos funcionários uma parcela simbólica. Outras empresas dividem os custos pela metade.

Quase sempre o princípio que predomina é o do rateio dos custos dos benefícios entre empresa e funcionários. A ideia fundamental é que o funcionário precisa pagar – mesmo simbolicamente – pelo benefício usufruído para dar importância ao mesmo. Quando um benefício é concedido gratuitamente, ele tende a perder importância e representar uma obrigação da empresa, sujeita a críticas quando não funciona adequadamente. Além disso, é importante salientar a reciprocidade: ambas as partes – empresa e funcionários – devem ser corresponsáveis pela utilização adequada dos benefícios para evitar exageros no uso que provocam aumentos de despesas inúteis. Há que se lembrar também que os custos de certos benefícios – como assistência médico-hospitalar – têm crescido demasiadamente nos últimos tempos devido à sofisticação da tecnologia utilizada e da amplitude dos serviços médicos prestados atualmente.

Flexibilidade dos benefícios sociais

Atualmente, as empresas estão flexibilizando seus programas de benefícios e serviços sociais no sentido de atender às diferenças individuais de seus funcionários. Ao invés de oferecer programas uniformes e genéricos para todos, elas estão oferecendo menus ou cardápios em que cada funcionário escolhe sua composição com um determinado limite máximo disponível para cada um. Assim, um jovem estudante tem necessidades pessoais diferentes de um executivo prestes a se aposentar ou de uma recém-casada grávida. Cada pessoa tem o direito a um montante de benefícios e pode fazer a composição deles de acordo com suas necessidades individuais, desde que não exceda determinado valor monetário mensal. Benefícios flexíveis estão na onda. Suas vantagens são inúmeras, pois atendem a cada funcionário em suas necessidades básicas e não ultrapassam seus limites podendo ser orçados e controlados com relativa exatidão.

Importância dos benefícios sociais

Antigamente, as empresas adotavam uma política paternalista no que tange aos benefícios sociais. A ideia que prevalecia era a de proteger o funcionário e dar-lhe as condições básicas para poder viver do trabalho. Todas as decisões sobre benefícios eram da alçada da empresa que concedia os benefícios considerados adequados pelos seus dirigentes, sem qualquer consulta aos usuários. E quase sempre os benefícios eram genéricos e padronizados, não levando em conta os interesses pessoais e nem as diferenças individuais dos funcionários.

Os benefícios e serviços sociais funcionam como uma ampla plataforma de ações e práticas que proporcionam apoio e suporte aos funcionários no sentido de facilitar sua vida no trabalho e fora dele.

A importância dos planos de benefícios sociais é tão grande que muitos funcionários desistem de ofertas de emprego com salários maiores em outras empresas, porque nestas teriam de desembolsar muito mais para poderem usufruir de certos benefícios que são gratuitos ou subvencionados no emprego atual. Tanto assim que é muito comum falar-se em salário e em benefícios sociais oferecidos pela empresa como um pacote integrado de remuneração, pois os benefícios sociais significam dinheiro para o funcionário, isto é, dinheiro que ele deixa de desembolsar. Daí a razão de os planos de benefícios sociais serem tratados juntamente com assuntos de remuneração e salários.

Face à sua importância no cotidiano dos funcionários, os benefícios e serviços sociais estão constituindo meios indispensáveis na manutenção dos funcionários e na preservação de um nível satisfatório de motivação e produtividade. Além disso, os benefícios e serviços sociais têm importante função na atração de talentos no mercado de RH, pois contam na escolha das ofertas de oportunidades de emprego.

QUESTÕES PARA REVISÃO

1) Conceitue benefícios sociais.
2) Para que servem os planos de benefícios sociais?
3) Qual é a importância dos benefícios sociais?
4) Classifique os benefícios sociais.
5) Explique os principais benefícios legais.
6) Explique os principais benefícios espontâneos.
7) Como as empresas tratam do custeio dos benefícios?
8) Por que a participação dos funcionários no custeio dos benefícios é importante?
9) Explique a crítica ao paternalismo das empresas.

EXERCÍCIOS

1) Faça com seu superior ou professor uma visita à secretaria e à tesouraria da empresa na qual trabalha ou da instituição de ensino em que estuda e descreva cada um dos cargos ali existentes, utilizando o formulário apresentado neste capítulo. (Se você já o fez no capítulo 5, utilize o mesmo material).
2) A partir da descrição dos cargos do item 1, analise cada um deles, utilizando o formulário apresentado neste capítulo.
3) Com as descrições e análises já feitas, procure elaborar uma avaliação dos cargos referidos, utilizando a tabela de pontos apresentada neste capítulo.

Capítulo 7 Avaliação do desempenho

Tópicos deste capítulo

- Conceituação de avaliação do desempenho
- Objetivos da avaliação do desempenho
- Benefícios da avaliação do desempenho
- Métodos de avaliação do desempenho
- Quem é o responsável pela avaliação do desempenho
- Processo de construção da avaliação do desempenho
- Questões para revisão
- Exercícios

É muito comum em nossa vida cotidiana avaliar o desempenho de quase tudo: do relógio novo que deve funcionar direito, do carro do pai que deslancha mais que dos outros concorrentes, do som da guitarra que chega a picos que doem os ouvidos, dos amigos e confidentes que são sempre leais e sinceros, da namorada que faz enormes sacrifícios para o nosso futuro, do professor que sempre sabe dar respostas adequadas, e assim por diante.

A avaliação do desempenho é algo que fazemos sempre e em todas as circunstâncias e situações: o filme que assistimos, o jogo de futebol, a comida do restaurante ou a cerveja do bar da esquina, o livro que lemos, o carro que compramos. No fundo, a avaliação representa uma estimativa ou apreciação a respeito de uma pessoa ou coisa. E, como não podia deixar de ser, as empresas também se preocupam em avaliar o desempenho dos seus funcionários, desde o presidente até o mais humilde dos operários, para saber se estão se saindo bem, se estão trabalhando dentro das expectativas, se precisam ser treinados, promovidos, substituídos, motivados ou simplesmente aconselhados.

> A avaliação do desempenho sempre existiu desde tempos imemoriais. O senhor feudal sempre avaliou o desempenho do servo e o comprador fazia o mesmo com o artesão na Idade Média. Com a criação da Escola de Jesus, São Tomás de Aquino acompanhava continuamente o trabalho dos seus jesuítas que pregavam ao redor de todo o mundo antigo e avaliava o desempenho deles. Avaliar o desempenho sempre foi uma preocupação ao longo da história da humanidade.

O desempenho não pode ficar à mercê dos acontecimentos e ao sabor dos ventos. Precisa ser devidamente planejado, organizado, liderado e, sobretudo, avaliado. É assim que a organização pode produzir resultados excelentes através da atividade humana.

Conceituação de avaliação do desempenho

A avaliação do desempenho é uma apreciação sistemática do desempenho de cada pessoa no cargo e do seu potencial de desenvolvimento futuro. Toda avaliação significa um processo de estimar ou julgar o valor, a excelência ou as qualidades de alguma pessoa. A avaliação das pessoas que desempenham papéis dentro de uma organização pode ser feita através de várias abordagens que recebem denominações como: avaliação do desempenho, avaliação do mérito, relatórios de progresso, avaliação de eficiência funcional etc. Não importa a denominação recebida, a avaliação do desempenho é um conceito dinâmico, pois os funcionários são sempre avaliados, seja formal ou informalmente, com certa continuidade nas organizações. Além do mais, a avaliação do desempenho constitui uma técnica de direção imprescindível à atividade administrativa. É um meio através do qual se pode orientar as pessoas e localizar problemas de supervisão de pessoal, integração do funcionário à organização ou ao cargo que ocupa, localização de dissonâncias, falta de motivação ou desaproveitamento de funcionários com potencial mais elevado do que aquele que é exigido pelo cargo. Conforme os problemas identificados, a avaliação do desempenho pode ajudar na definição e no desenvolvimento de uma política de RH adequada às reais necessidades da organização.

Objetivos da avaliação do desempenho

A avaliação do desempenho tem recebido demonstrações extremamente favoráveis e outras extremamente negativas e contrárias. A maioria dos executivos acha que a avaliação é indispensável, mas que ela não funciona bem em suas empresas e não traz os resultados desejados.

Há quem diga que enquanto o processo seletivo é uma espécie de controle de qualidade na recepção da matéria-prima, a avaliação do desempenho é uma espécie de inspeção de qualidade na linha de montagem. Ambas essas alegorias referem-se à posição passiva, submissa e fatalista do funcionário que está sendo avaliado em relação à organização da qual faz parte ou pretende fazer e da abordagem rígida, mecanizada, distorcida e limitada a respeito da natureza humana. A avaliação do desempenho não pode restringir-se ao julgamento superficial e unilateral do chefe a respeito do comportamento funcional do subordinado. É preciso chegar a um nível maior de profundidade, localizar problemas e estabelecer planos de comum acordo com o avaliado. Ele é o maior interessado e deve não apenas tomar conhecimento dos planos futuros a seu respeito, mas também receber a retroação adequada para reduzir possíveis dissonâncias a respeito de sua atuação na organização[1].

---

[1] Chiavenato, I. *Recursos humanos:* o capital humano das organizações. Rio de Janeiro: Elsevier/Campus, 2009e.

A avaliação do desempenho não é um fim em si mesmo, mas um meio, instrumento ou ferramenta para melhorar os resultados das pessoas na organização. Esse é o seu objetivo básico – melhorar o desempenho e aumentar os resultados das pessoas na organização. A partir daí, existe uma variedade de objetivos intermediários, a saber[2]:

1) Adequação da pessoa ao cargo ou à equipe.
2) Treinamento em aspectos que requeiram maior habilidade ou competência.
3) Indicação para promoções futuras.
4) Incentivo salarial ao bom desempenho.
5) Melhoria das relações humanas entre superiores e subordinados.
6) Busca do autoaperfeiçoamento do funcionário.
7) Proporcionar informações básicas para pesquisa de recursos humanos.
8) Estimar o potencial de desenvolvimento da força de trabalho.
9) Proporcionar estímulo à maior produtividade das pessoas.
10) Conhecimento dos padrões de desempenho da organização.
11) Retroação (*feedback*) de informação ao próprio indivíduo avaliado.

Em resumo, os objetivos fundamentais da avaliação do desempenho podem ser apresentados em três facetas[3]:

1) Permitir condições de medição do potencial humano no sentido de determinar sua plena aplicação.
2) Permitir o tratamento das pessoas como importante vantagem competitiva da organização e cuja produtividade pode ser desenvolvida e ampliada.

---

[2] Ibid.

[3] Ibid.

3) Fornecer oportunidades de crescimento e condições de efetiva participação a todos os membros da organização, tendo em vista os objetivos organizacionais e os objetivos individuais.

A tecnologia da informação (TI) está mudando a cara da ARH. Existem no mercado muitos *softwares* de baixo custo como plataformas para a avaliação do desempenho e que apresentam menus ou cardápios com várias dimensões (fatores de avaliação com gradações diferentes), incluindo autonomia, iniciativa, comunicação, tomada de decisão, planejamento e produtividade. Cada dimensão cobre vários fatores de avaliação. Por exemplo, comunicação cobre fatores separados como escrita, comunicação verbal, receptividade para *feedback*, visão crítica, habilidade de ouvir, habilidade de manter os outros informados, abertura mental etc. Outros sistemas oferecem uma versão sofisticada da escala gráfica, que veremos a seguir e que permitem que o avaliador navegue por categorias de desempenho e subfatores. O EPM (*Electronic Performance Monitoring*) é outro produto da TI que facilita a avaliação do desempenho. Na verdade, as organizações estão utilizando redes computadorizadas que permitem avaliar cotidianamente o desempenho das pessoas. Isso permite que as pessoas conectadas com o sistema possam se automonitorar e saber exatamente quando e como corrigir suas fraquezas e inadequações.

Benefícios da avaliação do desempenho

A avaliação do desempenho traz benefícios a curto, médio e longo prazo e seus principais beneficiários são: as pessoas, os gerentes, a organização e a comunidade[4].

1) *Benefícios para o gerente*: que pode avaliar o desempenho e o comportamento dos subordinados baseado em fatores de avaliação que permitam um sistema de medição capaz de neutralizar a subjetividade. Além disso, o gerente pode comunicar-se com seus subordinados e fazê-los compreender a avaliação como um sistema objetivo e como estão desempenhando suas funções através desse sistema e propor providências no sentido de melhorar o padrão de desempenho de seus subordinados.

[4] Ibid.

2) *Benefícios para o subordinado*: que pode conhecer as regras do jogo, ou seja, os aspectos de comportamento e desempenho que a empresa valoriza em seus funcionários. Também pode conhecer as expectativas de seu superior a respeito de seu desempenho e seus pontos fortes e fracos segundo a avaliação dele. Passa a saber as providências que o gerente está tomando quanto à melhoria de seu desempenho (programa de treinamento, estágios etc.) e as que ele próprio – subordinado – deve tomar por conta própria (autocorreção, maior capricho, mais atenção no trabalho, cursos por conta própria etc.). Isso lhe permite fazer uma autoavaliação e autocrítica quanto ao seu autodesenvolvimento e autocontrole.
3) *Benefícios para a organização*: que pode avaliar seu potencial humano no curto, médio e longo prazo e definir qual a contribuição de cada funcionário, identificar funcionários que necessitam de reciclagem e/ou aperfeiçoamento em determinadas áreas de atividade e selecionar os funcionários com condições de promoção ou transferências. Isso tudo dinamiza a política de RH, oferecendo oportunidades aos funcionários (promoções, crescimento e desenvolvimento pessoal), estimulando a produtividade e melhorando o relacionamento humano no trabalho.

Métodos de avaliação do desempenho

Os métodos de avaliação do desempenho variam de uma organização para outra. Cada organização tende a construir seu próprio sistema para avaliar o desempenho dos seus funcionários. É comum encontrar vários sistemas diferentes conforme o nível e áreas da empresa, como um sistema de avaliação de gerentes, outros para mensalistas, horistas, vendedores etc. Cada sistema atende a determinados objetivos específicos e envolve determinadas características do pessoal envolvido para obtenção de dados e informações que possam ser registrados, processados e canalizados para a melhoria do desempenho humano nas organizações.

Os principais métodos tradicionais de avaliação do desempenho são:

1) Método das escalas gráficas.
2) Método da escolha forçada.
3) Método da pesquisa de campo.
4) Método dos incidentes críticos.
5) Métodos mistos.

Método das escalas gráficas

É o método mais utilizado e divulgado. É o método mais simples. Sua aplicação requer cuidados no sentido de neutralizar a superficialidade, subjetividade e o prejulgamento do avaliador, que podem provocar interferência nos resultados.

O método das escalas gráficas avalia o desempenho das pessoas através do uso de fatores de avaliação previamente definidos e graduados. Utiliza um formulário de dupla entrada, no qual as linhas horizontais representam os fatores de avaliação do desempenho, enquanto as colunas verticais representam os graus de variação daqueles fatores. Os fatores são previamente selecionados e escolhidos para definir em cada pessoa as qualidades que se pretende avaliar. Cada fator é definido com uma descrição sumária, simples e objetiva. Quanto melhor esta descrição tanto maior a precisão do fator. Cada fator é dimensionado para retratar um desempenho fraco ou insatisfatório até um desempenho ótimo ou excelente[5].

Cada gerente recebe um formulário contendo as escalas gráficas, conforme o exemplo dado, e o preenche, anotando em cada fator de avaliação qual o grau que mais se aproxima do desempenho do subordinado. A seguir, rubrica o formulário encaminhando-o ao órgão de

[5] Ibid.

pessoal para a devida análise e relatando verbalmente ou por escrito o que sugere que seja feito com o subordinado: se deve ser promovido, mantido no cargo ou então submetido a treinamento, aconselhamento, reciclagem em alguma função etc.

Quadro 7.1 – Avaliação do desempenho pelo sistema de escalas gráficas.

Fatores de avaliação do desempenho	Fraco	Sofrível	Regular	Bom	Ótimo
Quantidade de trabalho	Pouca ( )	Alguma ( )	Média ( )	Grande ( )	Enorme ( )
Qualidade do trabalho	Péssima ( )	Sofrível ( )	Regular ( )	Boa ( )	Excelente ( )
Conhecimento do trabalho	Pouco ( )	Algum ( )	Médio ( )	Grande ( )	Profundo ( )
Pontualidade	Nenhuma ( )	Pouca ( )	Regular ( )	Bastante ( )	Extrema ( )
Assiduidade	Nenhuma ( )	Pouca ( )	Regular ( )	Bastante ( )	Extrema ( )

Algumas empresas utilizam esse método com atribuição de pontos no sentido de quantificar os resultados para facilitar as comparações entre os funcionários. Os fatores são ponderados e ganham valores em pontos de acordo com sua importância na avaliação. Feita a avaliação contam-se os pontos obtidos pelos avaliados. Tal supersimplificação da avaliação do desempenho constitui uma grosseria paradoxal: se de um lado quantifica os resultados e facilita as comparações em termos globais, de outro reduz a complexa gama de desempenho a um simples número sem significado.

O método das escalas gráficas apresenta algumas vantagens, tais como[6]:

1) Permite aos avaliadores um instrumento de avaliação de fácil entendimento e de aplicação simples.

[6] Ibid.

2) Permite uma visão integrada e resumida dos fatores de avaliação, ou seja, das características de desempenho mais realçadas pela empresa e a situação de cada avaliado diante delas.
3) Simplifica e proporciona pouco trabalho ao avaliador no registro da avaliação.

Para tanto, esse método precisa ser construído para evitar desvios como:

1) *Efeito halo*: é a influência da impressão geral de um avaliado que faz com que o avaliador tenha uma ideia geral que influencia sua avaliação em cada fator.
2) *Tendência central*: é a tendência de avaliar todos os fatores da mesma maneira fazendo que todos tenham a mesma gradação.
3) *Critérios nebulosos*: como os fatores permitem diferentes interpretações, torna-se necessário descrever precisamente cada fator de avaliação.
4) *Leniência ou rigor exagerado*: alguns avaliadores são lenientes enquanto outros são rigorosos. Daí a subjetividade na avaliação.
5) *Preconceitos:* é a tendência de avaliar diferenças individuais como idade, raça e sexo que afetam a avaliação das pessoas.

Todavia, o método das escalas gráficas apresenta sérias desvantagens, como[7]:

1) Não permite flexibilidade ao avaliador, que deve ajustar-se ao instrumento e não este às características do avaliado.
2) É sujeito a distorções e interferências pessoais dos avaliadores, que tendem a generalizar sua apreciação sobre os subordinados para todos os fatores de avaliação. É o efeito da estereotipagem que

---

[7] Ibid.

leva os avaliadores a considerar um funcionário ótimo como ótimo em todos os fatores. Ou o avaliador muito exigente a considerar todos os seus subordinados como sofríveis ou fracos sob todos os aspectos.

3) Tende a rotinizar e bitolar os resultados das avaliações.
4) Necessita de procedimentos matemáticos e estatísticos para corrigir distorções e influência pessoal dos avaliadores.
5) Tende a apresentar resultados condescendentes ou exigentes para todos os seus subordinados.

Método da escolha forçada

É um método de avaliação do desempenho desenvolvido para neutralizar os efeitos de *halo*, subjetivismo e protecionismo típicos do método da escala gráfica. Consiste em avaliar o desempenho das pessoas por meio de frases descritivas contendo alternativas de tipos de desempenho individual. Em cada bloco composto de duas, quatro ou mais frases, o avaliador deve escolher forçosamente apenas uma ou duas delas que mais se aplicam ao desempenho da pessoa avaliada (Quadro 7.2).

As principais vantagens do método da escolha forçada são:

1) Proporciona resultados confiáveis e isentos de influências subjetivas e pessoais, pois elimina o efeito de generalização (*halo effect*).
2) Aplicação simples e não exige preparo prévio dos avaliadores.

Quadro 7.2 – Avaliação do desempenho pelo método da escolha forçada

Avaliação de desempenho

Funcionário: ______________________________

Cargo: ______________________ Seção: ______________________

A seguir você encontrará frases de desempenho combinadas em quatro blocos. Anote um "x" na coluna ao lado, sob o sinal "+" para indicar a frase que melhor define o desempenho do empregado e também o sinal "–" para a frase que menos define seu desempenho. Não deixe nenhum bloco sem preencher duas vezes.

	Nº	+	–		Nº	+	–
Faz apenas o que mandam	01			Tem medo de pedir ajuda	41		
Comportamento irrepreensível	02			Mantém seu arquivo sempre em ordem	42		
Aceita críticas construtivas	03			Já apresentou queda de produção	43		
Não produz quando está sob pressão	04			É dinâmico	44		
Cortês com terceiros	05			Interrompe constantemente o trabalho	45		
	Nº	**+**	**–**		**Nº**	**+**	**–**
Hesita ao tomar decisões	06			Nunca é influenciado	46		
Merece toda a confiança	07			Tem bom potencial a ser desenvolvido	47		
Tem pouca iniciativa	08			Nunca se torna desagradável	48		
Capricha no serviço	33			Nunca faz boas sugestões	73		
Não tem formação adequada	34			Nota-se que "ele gosta do que faz"	74		
Tem boa aparência pessoal	35			Tem boa memória	75		
Em seu serviço encontram-se sempre erros	36			Gosta de reclamar	76		
Expressa-se com dificuldade	37			É criterioso ao tomar decisões	77		
Conhece seu trabalho	38			Precisa ser chamado às falas regularmente	78		
É cuidadoso com as instalações da empresa	39			É rápido	79		
Aguarda sempre por uma recompensa	40			É um pouco hostil por natureza	80		

Fonte: Chiavenato (2009e).

Suas desvantagens são as seguintes:

1) Exige uma demorada elaboração e um cuidadoso planejamento.
2) É um método comparativo e apresenta apenas resultados globais.
3) Requer informações adicionais sobre necessidades de treinamento, potencial de desenvolvimento etc.
4) Não proporciona ao avaliador um resultado global da avaliação feita.

Método de pesquisa de campo

É um método de avaliação do desempenho baseado em entrevistas de um especialista em avaliação com o superior imediato através das quais se avalia o desempenho dos seus subordinados. Através da entrevista levanta-se causas, origens e motivos do desempenho por meio de análise de fatos e situações. É um método de avaliação mais amplo que permite, além de um diagnóstico do desempenho do funcionário, a possibilidade de planejar com o superior imediato seu desenvolvimento no cargo e na organização[8].

Neste método, a avaliação do desempenho é feita pelo superior (gerente), mas com a assessoria de um especialista (*staff*) em avaliação do desempenho. O especialista vai a cada seção para entrevistar as gerências sobre o desempenho dos seus subordinados. Daí o nome pesquisa de campo. Embora a avaliação seja responsabilidade de linha de cada gerente, há uma ênfase na função de *staff* em assessorar cada gerente.

---

[8] Idem. *Gestão de pessoas.* Rio de Janeiro: Elsevier/Campus, 2008.

Quadro 7.3 – Roteiro de entrevista do método de pesquisa de campo

Resposta	1. O que o Sr. poderia dizer-me sobre o desempenho do funcionário (nomear)?	Resposta
Menos que satisfatório		Mais que satisfatório Satisfatório

Avaliação inicial	
2. Por que o desempenho foi insatisfatório? 3. Que motivos podem justificar esse desempenho? 4. Que responsabilidades, de sua descrição, deixou de executar? Por quê? 5. Foram atribuídas outras responsabilidades ao funcionário? Como se saiu? 6. Por que o funcionário teve que assumir essas responsabilidades? 7. Ele possui qualidades?	2. Por que o desempenho foi satisfatório (ou muito bom)? 3. Que motivos justificam esse desempenho? 4. Ele atendeu a todos os itens de sua descrição? Por quê? 5. Foram atribuídas outras responsabilidades ao funcionário? Como se saiu? 6. Por que o funcionário teve que assumir essas responsabilidades? 7. Ele possui alguma deficiência?
Análise complementar	
8. Que tipo de ajuda o funcionário recebeu? 9. Quais foram os resultados? 10. Já recebeu algum treinamento? 11. Ele precisa de treinamento?	8. Já experimentou o funcionário em tarefas mais complexas? Já substituiu alguém em cargo mais alto? 9. Quais foram os resultados? 10. Já recebeu treinamento? 11. Ele precisa de treinamento? Demonstra potencial para se desenvolver?
Planejamento	
12. Que outros aspectos gostaria de analisar em relação ao desempenho e potencial do funcionário? 13. Qual é o plano de ação que recomenda para o funcionário? 14. Por que recomenda esse plano? 15. Está certo de que essa é a melhor recomendação? 16. Indique, em ordem prioritária, dois prováveis substitutos para esse funcionário. 17. Houve mudança de substitutos em relação à avaliação anterior? Por quê? 18. Após essa análise do desempenho, que avaliação dará a esse funcionário?	

(continua)

Quadro 7.3 – Roteiro de entrevista do método de pesquisa de campo *(continuação)*	
Acompanhamento	
19. O desempenho do funcionário tem sido abaixo do padrão? 20. Este desempenho tem sido característica do funcionário? 21. O funcionário foi avisado de suas deficiências? Recebeu uma oportunidade para melhorar?	19. O desempenho do funcionário tem sido realmente superior? 20. Esse desempenho é característica típica do funcionário? 21. O funcionário tem sido experimentado em tarefas mais complexas?
Indique, em ordem prioritária, dois prováveis substitutos	

O especialista em avaliação do desempenho faz uma entrevista de avaliação com cada chefe, obedecendo ao seguinte roteiro[9]:

1) *Avaliação inicial*: o desempenho de cada funcionário é inicialmente avaliado em uma das três alternativas:
   - Desempenho mais que satisfatório (+)
   - Desempenho satisfatório (±)
   - Desempenho menos que satisfatório (–)
2) *Análise suplementar*: definida a avaliação inicial do desempenho, cada funcionário passa a ser avaliado com profundidade, por meio de perguntas do especialista ao chefe.
3) *Planejamento*: analisado o desempenho faz-se um plano de ação para a melhoria do funcionamento, que pode envolver:
   - Aconselhamento ao funcionário.
   - Treinamento.
   - Promoção a outro cargo.
   - Manutenção do funcionário no cargo atual.
   - Readaptação do funcionário.
   - Desligamento e substituição em casos extremos.
4) *Acompanhamento (fair play)*: trata-se de uma verificação ou comprovação do desempenho de cada funcionário.

[9] Idem. *Recursos humanos*: o capital humano das organizações. Rio de Janeiro: Elsevier/Campus, 2009e.

O método de pesquisa de campo oferece as seguintes vantagens[10]:

1) Permite ao gerente uma visualização do conteúdo dos cargos sob sua responsabilidade e das habilidades, capacidades e competências exigidos.
2) Proporciona um relacionamento proveitoso com o especialista em avaliação que presta ao gerente assessoria e treinamento de alto nível na avaliação do pessoal.
3) Permite uma avaliação profunda, imparcial e objetiva de cada funcionário, localizando causas de comportamento e fontes de problemas.
4) Permite um planejamento de ação capaz de remover os obstáculos e proporcionar melhoria do desempenho.
5) Permite entrosamento com o treinamento, plano de carreiras e demais áreas de atuação da ARH.
6) Acentua a responsabilidade de linha e a função de *staff* na avaliação de pessoal.

Por todas essas razões é um dos métodos mais completos de avaliação. Contudo, o método de pesquisa de campo apresenta as seguintes restrições:

1) Custo operacional elevado devido à atuação de um especialista em avaliação.
2) Morosidade no processamento provocada pela entrevista um a um a respeito de cada funcionário subordinado ao gerente.

Método dos incidentes críticos

É um método de avaliação baseado em incidentes críticos, ou seja, nos comportamentos que estão fora do padrão de normali-

---

[10] Ibid.

dade: aqueles extremamente bons e aqueles extremamente fracos. Permite que as exceções positivas sejam mais utilizadas e realçadas, enquanto as exceções negativas devem ser corrigidas ou eliminadas (Quadro 7.4).

Quadro 7.4 – Avaliação do desempenho pelo método dos incidentes críticos

Lado vermelho			Lado azul		
Data da ocorrência	**Item**	**Incidente crítico negativo**	**Data da ocorrência**	**Item**	**Incidente crítico positivo**
Fator de avaliação: **produtividade** Item: A – Trabalhou lentamente. B – Perdeu tempo no período de trabalho. C – Não iniciou sua tarefa prontamente.			Item: A – Trabalhou rapidamente. B – Economizou tempo no trabalho. C – Iniciou imediatamente a nova tarefa.		

Fonte: Chiavenato (2009e).

Método de comparação aos pares

É um método de avaliação do desempenho que compara dois funcionários de cada vez e anota-se na coluna da direita do formulário aquele que é considerado melhor quanto ao desempenho. Neste método, podem-se também utilizar fatores de avaliação. Assim, cada folha do formulário é ocupada por um fator de avaliação do desempenho. No Quadro 7.5, o funcionário B tirou o primeiro lugar em produtividade, enquanto A veio em segundo e C em terceiro.

Quadro 7.5 – Avaliação pelo método de comparação aos pares

Comparação dos funcionários quanto à produtividade	A	B	C	D
A e B		X		
A e D	X			
C e D			X	
A e C	X			
B e C		X		
B e D		X		
Pontuação dos funcionários	2	3	1	0

Método de frases descritivas

É um método diferente do método de escolha forçada apenas por não exigir obrigatoriedade na escolha de frases. O avaliador assinala as frases que caracterizam o desempenho do subordinado (com o sinal "+" ou "S"), e aquelas que demonstram o oposto de seu desempenho (com o sinal "–" ou "N").

Quadro 7.6 – Método de frases descritivas

Nº	Fatores de avaliação do desempenho	Sim (+)	Não (–)
1	Possui experiência suficiente para o desempenho do cargo?		
2	Costuma estar alegre e sorridente?		
3	Possui escolaridade suficiente para o serviço que está executando?		
4	Resiste a mudanças e não se interessa por novas ideias?		
5	Sabe de informações confidenciais que devem ser resguardadas?		
6	Executa trabalho complexo e obedece às instruções recebidas?		
7	Demonstra atração por novidades?		
8	Tem interesse em aprender coisas novas?		
9	Seu trabalho carece de mais escolaridade?		
10	Pode planejar, executar e controlar sozinho as tarefas?		

(continua)

Quadro 7.6 – Método de frases descritivas *(continuação)*

Nº	Fatores de avaliação do desempenho	Sim (+)	Não (–)
11	Sua aparência é boa e agradável nos contatos em geral?		
12	Demonstra concentração mental nos trabalhos?		
13	A atenção no trabalho exige que ele esforce a vista?		
14	Presta atenção às condições de trabalho, principalmente à ordem?		
15	O resultado do trabalho tem erros e não é satisfatório?		
16	É recomendado treinamento para progredir no trabalho?		
17	Gosta de fumar?		
18	É desleixado em sua apresentação pessoal e no vestir?		
19	Obedece às normas de segurança?		
20	Poderia ter mais conhecimentos do trabalho para render mais?		
21	Acompanha o desempenho das máquinas onde trabalha?		
22	Não se desgasta na execução das tarefas?		
23	Sua produção é elogiável?		
24	Apesar de sempre fazer o mesmo, não se incomoda com a rotina?		
25	Tem fama de nunca terminar uma tarefa inteira?		

Fonte: Chiavenato (2009e).

Quem é o responsável pela avaliação do desempenho

A avaliação do desempenho é também uma responsabilidade de linha, isto é, uma atribuição de cada líder ou gerente em relação aos seus subordinados. Ninguém melhor do que o líder pode avaliar os funcionários. Mas para evitar diversidade e falta de alinhamento, cada líder deve avaliar seus subordinados de acordo com critérios e sistemas adotados para toda a empresa através do órgão de ARH. Neste sentido, a avaliação do desempenho, além de ser responsabilidade de linha, é uma função de *staff*.

Todavia, em cada organização a responsabilidade de avaliar o desempenho das pessoas varia de acordo com as políticas de RH ado-

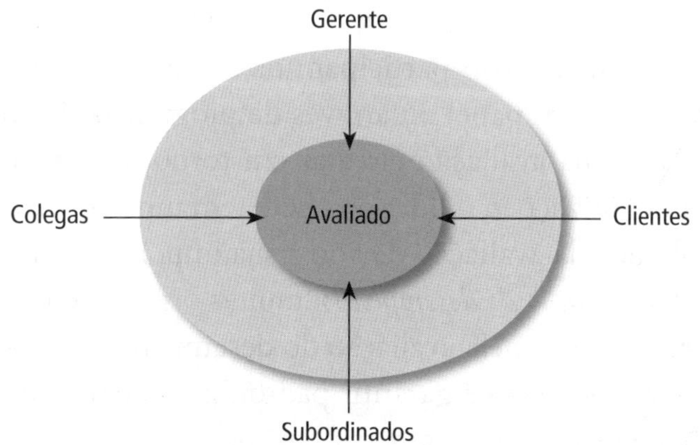

Figura 7.1 – Fontes alternativas de avaliação do desempenho.

tadas. A avaliação pode ser feita por meio de processos centralizados ou descentralizados, através de uma das seguintes alternativas[11]:

1) *Líder ou chefe*: constitui ainda a maioria dos casos pelo fato de ser a pessoa mais próxima do subordinado a ser avaliado e que lhe dá orientação e apoio.
2) *O próprio funcionário*: é a chamada autoavaliação. Na verdade, o maior interessado no processo de avaliação é a própria pessoa. Contudo, esta alternativa resvala na subjetividade. Cada pessoa tende a avaliar seu próprio desempenho de maneira muito individualista.
3) *Os subordinados*: é uma alternativa utilizada em organizações mais liberais, onde a liderança é extremamente aberta e democrática. Funciona bem quando a cultura organizacional é participativa e construtiva.

[11] Ibid.

4) *O círculo de interações*: é a chamada avaliação em 360°. Todas as pessoas que mantêm algum tipo de interação – direta ou indireta – com o funcionário participam da sua avaliação preenchendo um formulário em papel ou através de programas de computador. Trata-se de uma avaliação circular em torno do funcionário. Em algumas organizações, o líder ou chefe tem uma ponderação maior nos resultados da avaliação devido à sua importância no processo.
5) *Equipe de avaliação do desempenho*: muitas organizações criam uma equipe responsável pela avaliação do desempenho das pessoas para centralizar o processo e garantir padronização e uniformidade das avaliações e providências a partir das mesmas.

PROCESSO DE CONSTRUÇÃO DA AVALIAÇÃO DO DESEMPENHO

A avaliação do desempenho constitui um processo complexo que envolve informação, retroação, orientação, planejamento de providências em termos de treinamento, novos conhecimentos e competências, mudança de atitudes e melhoria do desempenho.

Em geral, a construção do processo de avaliação conta com as seguintes etapas principais[12]:

1) *Análise e diagnóstico*: análise da estrutura organizacional da empresa, sua cultura corporativa, estilo de gestão e nível de complexidade dos cargos a serem avaliados.
2) *Definição dos critérios de avaliação*: identificação das competências e habilidades a serem avaliadas e como deverão ser aferidas.
3) *Criação dos instrumentos de avaliação*: definição dos meios através dos quais as competências e habilidades deverão ser avaliadas.

---

[12] Ibid.

4) *Treinamento dos avaliadores*: preparação dos líderes e gerentes para uso dos instrumentos de avaliação e atitudes e técnicas de entrevista de avaliação e de *feedback* (retroação) aos avaliados.
5) *Sensibilização dos funcionários*: preparação psicológica dos funcionários que deverão ser avaliados e atitude em relação à entrevista de avaliação.
6) *Tabulação e diagnóstico*: coleta de informações sobre os resultados das avaliações e elaboração da curva de desempenho de cada área ou departamento e atitude dos avaliadores.
7) *Divulgação e resultados*: realização de reuniões com gestores para divulgação e análise dos resultados.
8) *Plano de ação:* identificação de ações a serem implementadas pelas áreas ou departamentos para sanar as dificuldades apontadas nas avaliações.

O executivo de RH deve assegurar um contexto adequado para implantar a avaliação do desempenho e que inclua:

1) Um clima de trabalho de respeito e confiança entre as pessoas.
2) Um estilo de gestão democrático, participativo e consultivo.
3) Encorajar as pessoas a assumir responsabilidades e definir metas de trabalho.
4) Criar um propósito de direção, futuro e melhoria contínua entre as pessoas.
5) Gerar uma expectativa permanente de aprendizagem, inovação, desenvolvimento pessoal e profissional.
6) Transformar a avaliação do desempenho de um sistema julgamental e arbitrário em um processo de diagnóstico de oportunidades de crescimento.

Como preparar uma entrevista de avaliação do desempenho

O gerente deve seguir uma lista de ações prévias para garantir o sucesso da entrevista, a saber:

Planejamento

1) Programar a avaliação e informar ao avaliado alguns dias ou semanas antes.
2) Solicitar ao avaliado que se prepare para a sessão revendo seu desempenho, objetivos do seu trabalho e metas de desenvolvimento pessoal.
3) Estabelecer claramente como será sua avaliação do desempenho.

Preparação da entrevista

1) Rever a documentação coletada do desempenho durante o período. Concentrar nos padrões designados para o trabalho.
2) Preparar para dar exemplos específicos sobre o desempenho médio dos demais funcionários.
3) Quando o desempenho cair abaixo das expectativas, determinar quais as mudanças necessárias para melhorá-lo. Quando o desempenho ficar acima das expectativas, discutir e planejar como melhorá-lo ainda mais.
4) Após a entrevista, registrar o que foi negociado e preparar para o próximo período.
5) Seguir as etapas requeridas pelo planejamento das ações futuras decorrentes da avaliação.

Condução da entrevista

1) Escolher um local confortável e isolado. O local deve encorajar uma conversação franca e aberta.
2) Discutir cada item da avaliação, considerando os pontos fortes e fracos do avaliado.
3) Ser específico e descritivo e não genérico e julgamental. Relatar fatos e ocorrências e não apenas avaliações deles.
4) Discutir possíveis diferenças e tentar resolvê-las. Solicitar acordo com a avaliação.
5) Manter uma abordagem profissional e apoiadora durante a discussão da avaliação.

Fonte: adaptado de Sherman et al. (1998). p.318.

A entrevista de avaliação do desempenho

A comunicação do resultado da avaliação ao avaliado é o ponto fundamental de todos os sistemas de avaliação do desempenho. De nada adianta a avaliação sem que o maior interessado – a própria pessoa – tome conhecimento dela. É necessário dar-lhe conhecimento das informações relevantes e significativas de seu desempenho, a fim de que os objetivos possam ser plenamente alcançados. Essa comunicação é feita através da entrevista de avaliação do desempenho.

Os propósitos da entrevista de avaliação do desempenho são[13]:

1) Proporcionar ao avaliado as condições de melhorar seu trabalho através de comunicação clara e inequívoca de seu padrão de desempenho. A entrevista dá oportunidade ao avaliado de saber o que o superior espera dele em termos de qualidade, quantidade e métodos de trabalho e também de entender as razões desses padrões de desempenho. São as regras do jogo, que somente pode ser bem jogado quando todos os jogadores as entenderem.
2) Proporcionar ao avaliado uma ideia clara de como está desempenhando (retroação) o trabalho, salientando seus pontos fortes e pontos fracos e comparando-os com os padrões de desempenho esperados. Muitas vezes, o avaliado acredita subjetivamente que está indo bem ou desenvolve uma ideia distorcida a respeito do desempenho ideal. Ele precisa saber o que o superior está achando de seu trabalho a fim de ajustar e adequar seu desempenho aos padrões esperados.
3) Discutir ambos – avaliado e avaliador – sobre providências e planos para melhor desenvolver e utilizar as aptidões do avaliado, que precisa entender como poderá melhorar seu desempenho e participar ativamente das providências para essa melhoria.
4) Construir relações pessoais mais fortes entre avaliador e avaliado, nas quais ambos tenham condições de falar francamente a respeito do trabalho, como está sendo desenvolvido e como poderá ser melhorado e incrementado. A intensificação da compreensão pessoa a pessoa é fator básico para o desenvolvimento de relações humanas fortes e sadias.

---

13 Ibid.

5) Eliminar ou reduzir dissonâncias, ansiedades, tensões e incertezas que surgem quando as pessoas não recebem aconselhamento planejado e orientado.

6) O avaliador deve ter habilidade de apresentar fatos e conseguir que o avaliado, ao terminar a entrevista, saia impregnado da determinação de desenvolver-se e ajustar seu desempenho ao nível exigido e consciente dos aspectos positivos e negativos de seu desempenho. O sucesso da entrevista de avaliação depende de muitos fatores. Ela precisa ser preparada de modo que o avaliador saiba de antemão o que dirá ao avaliado e como o fará. O avaliador deve considerar duas coisas importantes:
   - ✓ Todo avaliado possui aspirações e objetivos pessoais e, por mais elementares que sejam suas funções dentro da organização, deve ser considerado como uma pessoa individualizada, diferente das demais.
   - ✓ O desempenho deve ser avaliado em função do trabalho do avaliado e da orientação e das oportunidades que recebeu do avaliador.

Nem sempre, em muitas empresas, a avaliação do desempenho funciona bem. As principais causas do fracasso costumam ser[14]:

1) O avaliador não tem informação suficiente a respeito do desempenho do avaliado.
2) Os padrões de avaliação do desempenho não são claros e definidos.
3) O avaliador não considera seriamente a avaliação.
4) O avaliador não está preparado ou treinado para a avaliação ou para a entrevista.

---

[14] Idem. *Gestão de pessoas.* Rio de Janeiro: Elsevier/Campus, 2008.

5) O avaliador não é honesto e nem sincero na entrevista de avaliação.
6) O avaliador não tem habilidades pessoais para avaliar o desempenho das pessoas.
7) O avaliado não recebe retroação adequada sobre seu desempenho.
8) Os recursos são insuficientes para proporcionar recompensas ao bom desempenho.
9) Não há uma discussão eficaz sobre o desenvolvimento pessoal do avaliado.
10) O avaliador usa linguagem ambígua e obscura no processo de avaliação.

Questões para revisão

1) Conceitue avaliação do desempenho.
2) Explique a avaliação do desempenho como responsabilidade de linha e função de *staff*.
3) Quem deve avaliar o desempenho das pessoas?
4) Explique as alternativas disponíveis.
5) Por que a avaliação do desempenho é importante?
6) Explique a importância da avaliação para a empresa e para o funcionário.
7) Descreva o sistema de escalas gráficas.
8) O que são fatores de avaliação do desempenho?
9) Quais são os principais fatores de avaliação do desempenho?
10) Explique as vantagens e desvantagens do sistema de escalas gráficas.
11) Explique o sistema de escolha forçada.
12) Quais são as vantagens e desvantagens do sistema de escolha forçada?
13) Explique o sistema de pesquisa de campo.
14) Quais são as vantagens e desvantagens do sistema de pesquisa de campo?
15) Descreva o sistema dos incidentes críticos.

16) Quais são as vantagens e desvantagens do sistema dos incidentes críticos?
17) Descreva os sistemas mistos de avaliação do desempenho.

Exercícios

1) Como você elaboraria um novo sistema de avaliação do desempenho dos funcionários da empresa na qual trabalha ou dos alunos da instituição de ensino em que estuda?
2) Qual é o sistema que você adotaria? Explique as razões de sua escolha.
3) Como você prepararia os avaliadores e avaliados para obter o melhor resultado possível do novo sistema?
4) Que tipo de plataforma – banco de dados com acesso aberto a todos os interessados, por exemplo – que você instalaria como base do novo sistema?
5) Como você pensaria a respeito de proporcionar estatísticas das informações obtidas nas avaliações, bem como das providências solicitadas?
6) Como você mediria o desempenho do seu novo sistema de avaliação do desempenho?

Capítulo

8 Higiene e segurança do trabalho

Tópicos deste capítulo

Tudo o que estudamos até agora sobre a ARH tem por objetivo a construção, utilização e desenvolvimento de uma força de trabalho adequada, motivada e integrada à empresa. Contudo, é necessário também que essa força de trabalho seja preservada e protegida dos riscos e ameaças eventuais que rondam o desempenho das tarefas. E é esta a missão da higiene e segurança do trabalho: a proteção e preservação dos funcionários, garantindo-lhes condições ambientais e pessoais para a execução de suas atividades. A parte relacionada com a higiene do trabalho compete à higiene e medicina do trabalho, enquanto a parte relacionada com a segurança do trabalho compete à segurança do trabalho, como veremos a seguir.

Higiene e medicina do trabalho

A higiene e medicina do trabalho é a área que se preocupa com a preservação da saúde dos funcionários e com a manutenção de condições de trabalho higiênicas e saudáveis. No fundo, preocupa-se com a qualidade da saúde e a qualidade de vida dos funcionários, pois a saúde de cada pessoa também depende do ambiente onde ela vive e trabalha.

Para alcançar esses dois objetivos a higiene e medicina do trabalho torna-se responsável pelos seguintes aspectos[1]:

1) *Exame médico pré-admissional*: é a seleção médica dos candidatos a trabalho na empresa para garantir que os recém-admitidos tenham condições de saúde satisfatórias e não tenham nenhuma doença contagiosa que possa pôr em risco a saúde dos demais funcionários.
2) *Exames médicos periódicos*: para acompanhar e assegurar as condições de saúde dos funcionários, principalmente daqueles que trabalham em condições ambientais desfavoráveis ou insalubres.
3) *Ambulatório médico*: para consultas médicas eventuais e tratamentos ambulatoriais quando necessários.
4) *Campanhas periódicas de vacinação*: ou de orientação médica aos funcionários da empresa nos casos de surtos de doenças transmissíveis ou de epidemias.
5) *Monitoração das condições ambientais de trabalho*: da empresa, no sentido de erradicar as condições insalubres e proteger a saúde dos funcionários.

Na realidade, o papel da higiene e medicina do trabalho não é de gabinete – de consultório médico –, mas de campo, no sentido de atuar de maneira global e envolvente para garantir a saúde e qualidade de vida de toda a população de funcionários da empresa e até de seus familiares.

---

[1] Chiavenato, I. *Recursos humanos:* o capital humano das organizações. Rio de Janeiro: Elsevier/Campus, 2009e.

Condições ambientais de trabalho

Todo trabalho é executado em algum local e dentro de um determinado ambiente de trabalho. Esse ambiente de trabalho constitui um contexto envolvente que pode ser agradável e bonito do ponto de vista físico, como no caso de alguns escritórios sofisticados. Mas pode também ser desagradável e horrível, como no caso de algumas empresas industriais ou extrativas, onde a pessoa trabalha sob calor intenso ou em câmaras frigoríficas geladas, sob ruído intenso, com gases e substâncias químicas agressivas ou em minas subterrâneas. Assim, coexistem condições ambientais extremas, sejam saudáveis ou insalubres, seguras ou perigosas e arriscadas. Certamente, são condições extremas dentro de um contínuo de condições ou situações intermediárias.

Os principais aspectos relativos às condições ambientais de trabalho são a iluminação e o ruído.

Iluminação

A iluminação significa a quantidade de luminosidade que incide no local de trabalho do funcionário. Não se trata da iluminação em geral, mas a quantidade de luz no ponto focal onde o funcionário trabalha. Ponto focal é o local onde a pessoa utiliza sua visão para executar as tarefas e atividades. A unidade de medida da iluminação é o lux. Os padrões de iluminação em luxes são estabelecidos de acordo com o tipo de tarefa e o grau de concentração visual necessário para a execução da tarefa. Assim, quanto maior a concentração visual em detalhes e minúcias, tanto mais necessária a luminosidade no ponto focal de trabalho, como sugere o Quadro 8.1.

Quadro 8.1 – Padrões de iluminação para tarefas visuais (em luxes)

Classe de iluminação	Tipos de tarefas	Quantidade de luxes
Classe 1	Tarefas variadas e simples e de pouquíssima concentração visual	250 a 500

(continua)

Quadro 8.1 – Padrões de iluminação para tarefas visuais (em luxes) *(continuação)*

Classe de iluminação	Tipos de tarefas	Quantidade de luxes
Classe 2	Tarefas simples e de observação contínua de detalhes	500 a 1.000
Classe 3	Tarefas visuais de concentração envolvendo detalhes e precisão	1.000 a 2.000
Classe 4	Tarefas detalhadas e contínuas de extrema concentração visual	+ de 2.000

Quando a iluminação está abaixo dos padrões acima especificados, a atividade é considerada insalubre e sujeita ao adicional de insalubridade. A boa iluminação constitui um importante fator higiênico de trabalho e deve atender a pelo menos dois requisitos importantes[2]:

1) *Ser suficiente*: de modo que cada foco luminoso forneça a quantidade de luminosidade necessária para cada tipo de trabalho. Ser suficiente significa que a luminosidade não seja pouca e nem demasiada. Os dois casos extremos – insuficiência ou exagero – provocam fadiga visual, cansaço físico e consequente perda de produtividade.
2) *Ser constante e uniformemente distribuída*: de modo a evitar a fadiga decorrente das sucessivas acomodações visuais pelos contrastes violentos de luz e sombra e as oposições de claro e escuro.

Ruído

O ruído é qualquer som ou barulho indesejável e desagradável. Quando muito forte pode influenciar a saúde do funcionário e afetar ou reduzir sua capacidade de audição. A medida de intensidade do ruído é o bel. Contudo, para efeito de mensuração ao nível da capacidade humana, utiliza-se geralmente o decibel (db). A menor vibração sonora audível corresponde a 1 decibel (1 db),

---

[2] Ibid.

enquanto os sons extremamente fortes e intensos provocam sensação dolorosa nos ouvidos a partir de 120 db. O Quadro 8.2 dá uma ideia aproximada de alguns valores de intensidade de ruído.

Quadro 8.2 – Níveis aproximados de ruído em decibéis

Tipos de ruído	Volume em decibéis
Murmúrio de voz	30
Conversação normal	50
Tráfego intenso	70
Início da fadiga causada por barulho	75
Apitos e sirenes	85
Escapamento de caminhões	90
Começo da perda de audição	90
Máquinas de estaqueamento	110
Serrarias	115
Limiar de sensação dolorosa	120
Prensa hidráulica	125
Avião com turbinas a jato	130

O nível máximo de intensidade de ruído permitido por lei é de 85 db. Acima desse nível o ambiente de trabalho é considerado insalubre e sujeito ao adicional de insalubridade.

Existem duas formas de se evitar a insalubridade por ruído[3]:

1) *Eliminar o ruído na fonte produtora*: mediante manutenção das máquinas ou equipamentos barulhentos ou, então, sua substituição ou confinamento através de materiais isolantes e refratários ao ruído.
2) *Utilização de equipamento de proteção individual (EPI)*: isto é, utilização de protetor auricular em cada pessoa exposta ao ruído para protegê-la do seu efeito.

---

[3] Ibid.

Segurança do Trabalho

A Segurança do Trabalho (ST) é o conjunto de atividades relacionadas com a prevenção de acidentes e com a eliminação de condições inseguras de trabalho. A finalidade da ST é prevenir acidentes e criar condições seguras de trabalho. Para alcançar esses dois objetivos, a ST desenvolve as seguintes atividades[4]:

1) *Monitoração das atividades da empresa*: que envolvam algum risco para mapear onde estão as condições inseguras de trabalho no sentido de planejar como eliminá-las ou reduzi-las.
2) *Estabelecer normas de segurança*: para todas as atividades da empresa que possam envolver alguma condição insegura que provoque risco de acidente.
3) *Conscientizar e convencer os funcionários*: a respeitar e adotar as normas de segurança no sentido de executar suas tarefas sem correr o risco de provocar acidentes.

A ST deve ser uma preocupação de todas as pessoas na empresa. A rigor, ela é uma responsabilidade de linha, isto é, uma competência de cada chefia. Mas é também uma função de *staff*, pois compete ao órgão de segurança monitorar, criar normas e procedimentos de segurança, treinar e conscientizar os funcionários quanto à sua adoção. Mas em cada departamento da empresa, cabe ao chefe fazer valer essas normas de segurança.

> Não se deve confundir o órgão de segurança com a Comissão Interna de Prevenção de Acidentes (CIPA). A CIPA é uma exigência legal para todas as empresas que tenham certo número de funcionários. A CIPA é composta de representantes da empresa e de representantes dos funcionários que são eleitos periodicamente. À CIPA cabe localizar e apontar as condições inseguras, enquanto ao órgão de ST cabe definir e apontar as soluções.

[4] Ibid.

Acidentes de trabalho

Um acidente de trabalho é um fato não premeditado do qual resulta dano considerável para o patrimônio, para a pessoa ou para ambos. A palavra acidente significa algo imprevisto, mas perfeitamente evitável na maioria dos casos. A segurança procura minimizar a ocorrência de acidentes no trabalho. O acidente provoca danos ao patrimônio quando afeta máquinas, equipamentos, instalações ou ativos da empresa. Provoca danos às pessoas, quando produz lesão corporal, doença, perda parcial ou total da capacidade para o trabalho, que pode ser provisória ou permanente, ou ainda a morte. Assim, existem os seguintes tipos de acidentes[5]:

1) *Acidentes sem afastamento*: quando o empregado continua a trabalhar normalmente após o acidente. Esse tipo não consta nas estatísticas de acidentes, por não provocar perda de horas trabalhadas.
2) *Acidentes com afastamento*: quando o empregado deixa de trabalhar durante algum tempo, devido às consequências do acidente. Os acidentes com afastamento podem resultar em:
   a) Incapacidade temporária: é a perda total da capacidade para o trabalho, que pode perdurar por um ou mais dias. No retorno, o empregado assume o cargo sem redução de sua capacidade.
   b) Incapacidade permanente parcial: é a redução da capacidade para o trabalho motivada pelo acidente. A incapacidade permanente e parcial pode ser perda de qualquer membro ou parte dele; perda parcial da visão ou da audição, ou ainda qualquer outra lesão ou perturbação que diminua a capacidade de trabalho.
   c) Incapacidade total permanente: é a perda total e em caráter permanente da capacidade de trabalho. A incapacidade total permanente pode ser perda da visão ou da audição, ou qualquer outra lesão ou perturbação que torne o empregado inválido.

---

[5] Ibid.

d) Morte: quando o acidente de trabalho provoca a morte do funcionário.

Todo e qualquer acidente é um sinistro que afeta a integridade física do funcionário, sua segurança e da sua família. Afeta também o ritmo de trabalho da empresa pelas consequências emocionais que provoca entre os demais funcionários.

Estatísticas de acidentes

As estatísticas de acidentes são feitas através de dois coeficientes: o coeficiente de frequência (CF) e o coeficiente de gravidade (CG).

1) *Coeficiente de frequência*: significa o número de acidentes com afastamento que ocorrem em cada um milhão de homens/horas trabalhadas durante o mês. Permite comparações com todos os tipos e tamanhos de empresas. Seu cálculo é feito através da seguinte equação:

$$CF = \frac{\text{N}^{\text{o}} \text{ de acidentes com afastamento} \times 1.000.000}{\text{N}^{\text{o}} \text{ de homens/horas trabalhadas no mês}}$$

O número de acidentes com afastamento ocorridos no mês é colocado no dividendo e multiplicado por 1.000.000. O divisor é o resultado do número de funcionários da empresa multiplicado pelo número de horas trabalhadas no mês. O número máximo de horas trabalhadas instituído pela legislação é de 44 horas semanais e, portanto, 220 horas mensais.

2) *Coeficiente de gravidade*: significa o número de dias perdidos e computados em cada um milhão de homens/horas trabalhadas durante o mês. Os dias perdidos constituem a soma dos dias de afastamento (por incapacidade temporária ou incapacidade permanente parcial) e dos dias computados (quando ocorre morte ou incapacidade total permanente e cujo afastamento é definitivo). Os dias computados correspondem à tabela que reproduzimos parcialmente a seguir:

Quadro 8.3 – Tabela de dias computados para o cálculo do CG

Natureza do acidente	Dias computados
Morte	6.000
Incapacidade total e permanente (invalidez)	6.000
Perda da visão de ambos os olhos	6.000
Perda do braço acima do cotovelo ou perna acima do joelho	4.500
Perda do braço abaixo do cotovelo ou perna abaixo do joelho	3.600
Perda da audição de ambos os ouvidos	3.000
Perda da mão	3.000
Perda da visão de um olho	1.800

O cálculo do CG é feito por meio da seguinte equação:

$$CG = \frac{N^{\underline{o}} \text{ de dias perdidos} + \text{dias computados} \times 1.000.000}{N^{\underline{o}} \text{ de homens/horas trabalhadas no mês}}$$

Algumas empresas se caracterizam por baixos coeficientes de frequência e altos coeficientes de gravidade: isto significa que existem poucos acidentes, mas quando estes ocorrem são de extrema gravidade. Outras se caracterizam por altos coeficientes de frequência e baixos coeficientes de gravidade: isto significa que existem muitos acidentes, mas de pouca gravidade. O ideal seria a ocorrência de baixos coeficientes, tanto de frequência como de gravidade. O Quadro 8.4 permite uma ligeira comparação de amostras de estatísticas de acidentes em empresas de São Paulo e Rio de Janeiro.

Ambos os coeficientes não são absolutos, mas relativos, pois permitem comparar o comportamento dos acidentes na própria empresa em termos históricos em relação aos meses ou anos passados e avaliar o progresso na sua redução, bem como confrontar com outras empresas do mesmo ramo de atividade para comparar o comportamento dos acidentes da empresa com as demais empresas do mercado. Isso permite dimensionar a política da empresa em relação ao seu esquema de segurança.

Quadro 8.4 – Alguns coeficientes de frequência e gravidade

Tipos de indústrias	Coeficientes de frequência (CF)	Coeficientes de gravidade (CG)
Extração de minerais	57,02	2.527
Empresas metalúrgicas	56,43	2.049
Empresas químicas	28,35	1.100
Produtos farmacêuticos	26,26	916
Empresas têxteis	29,18	904
Material elétrico e comunicações	19,83	572
Diversas	24,78	597

Fonte: extraído da Associação Brasileira para Prevenção de Acidentes (ABPA).

Causas dos acidentes de trabalho

Mas, o que causa um acidente de trabalho? As principais causas dos acidentes de trabalho podem ser[6]:

1) *Condição insegura de trabalho*: é qualquer condição existente na empresa e que predispõe ao acidente. Ex.: escadas escorregadias, piso oleoso, máquina ou equipamento sem proteção ao operador, motor com polia descoberta, instalação elétrica com fios descascados etc.
2) *Ato inseguro*: é qualquer comportamento que predispõe ao acidente. Ex.: correr pelas escadas, distrair-se no serviço com máquinas, lidar com instalações elétricas sem a devida proteção etc.

---

[6] Ibid.

A prevenção de acidentes procura eliminar ou reduzir as condições inseguras na empresa e doutrinar e conscientizar os funcionários empregados a não violarem as normas de segurança. Em princípio, todo acidente pode e deve ser evitado. E toda empresa deve se dedicar a isso. A qualidade de vida das pessoas se fundamenta na segurança do trabalho.

Questões para revisão

1) Para que serve a higiene e segurança do trabalho?
2) Qual é a parte relacionada com a higiene do trabalho?
3) Qual é a parte relacionada com a segurança do trabalho?
4) Conceitue higiene e medicina do trabalho.
5) Quais são os dois objetivos da higiene e medicina do trabalho?
6) O que é qualidade de vida?
7) Quais são os principais aspectos da higiene e medicina do trabalho?
8) O que é exame médico pré-admissional?
9) Conceitue condições ambientais de trabalho.
10) Conceitue iluminação como condição ambiental de trabalho.
11) Qual é a unidade de medida da iluminação?
12) O que são padrões de iluminação? Dê exemplos.
13) O que significa insalubridade por iluminação?
14) Quais são os dois requisitos de uma boa iluminação?
15) Conceitue ruído como condição ambiental de trabalho.
16) Qual é a unidade de medida do ruído?
17) Descreva alguns tipos de ruídos e suas intensidades.
18) O que significa insalubridade por ruído?
19) Qual é o nível máximo de ruído permitido por lei?
20) Quais são as formas de eliminar a insalubridade por ruído?
21) O que é EPI?
22) Conceitue Segurança do Trabalho.

23) Por que a Segurança do Trabalho é uma responsabilidade de linha e uma função de *staff*?
24) O que é CIPA?
25) Qual é a diferença entre CIPA e Segurança do Trabalho?
26) Conceitue acidente de trabalho.
27) Quais são os tipos de acidentes de trabalho?
28) Qual é a diferença entre acidentes com e sem afastamento?
29) Quais são os tipos de incapacidade que podem provocar os acidentes com afastamento?
30) Qual é a diferença entre incapacidade temporária e incapacidade permanente parcial?
31) O que são estatísticas de acidentes?
32) Quais são as estatísticas de acidentes mais conhecidas?
33) Conceitue coeficiente de frequência.
34) Qual é a equação para calcular o CF? Explique-a.
35) Conceitue coeficiente de gravidade.
36) Qual é a equação para calcular o CG? Explique-a.
37) Por que algumas empresas têm alto CF e baixo CG? Explique.
38) Por que algumas empresas têm baixo CF e alto CG? Explique.
39) Quais são as principais causas dos acidentes de trabalho?
40) O que é ato inseguro?
41) O que é condição insegura?
42) Como prevenir acidentes?

Exercícios

1) Faça com seu professor uma visita às instalações da empresa na qual você trabalha ou da instituição de ensino em que estuda e elabore um relatório sobre as condições ambientais de trabalho, focalizando principalmente a iluminação e o ruído.
2) Em que aspectos a higiene e medicina do trabalho poderiam auxiliar as atividades de sua empresa ou instituição de ensino?

3) Faça com o superior de sua empresa ou com o professor de sua instituição de ensino uma visita às instalações e elabore um relatório sobre os aspectos de segurança do trabalho, focalizando principalmente as condições e os atos inseguros. Estabeleça os meios de prevenir acidentes.

4) Faça uma visita a alguma outra empresa e elabore um levantamento dos acidentes de trabalho ocorridos em algum mês. A seguir, calcule os coeficientes de frequência e de gravidade, com os dados sobre homens/horas trabalhadas. Compare com as estatísticas apresentadas no Quadro 8.4.

Capítulo

9

Relações trabalhistas

Tópicos deste capítulo

- ✔ Consolidação das leis do trabalho
- ✔ Admissão de empregados: contrato de trabalho
- ✔ Registro de empregados
- ✔ Remuneração do trabalho: formas e deduções
- ✔ Interrupção e suspensão do contrato de trabalho
- ✔ Rescisão do contrato de trabalho: demissão, aviso prévio, indenização, homologação, estabilidade
- ✔ Contribuição sindical
- ✔ Fundo de Garantia por Tempo de Serviço (FGTS)
- ✔ Previdência social: assistência e benefícios
- ✔ Questões para revisão
- ✔ Exercícios

A parte relacionada com as relações trabalhistas de que trataremos neste capítulo é geralmente executada pelo departamento pessoal, também denominado, em algumas empresas, departamento de relações trabalhistas. Trata-se de uma série de atividades exigidas por lei e que são fiscalizadas pelo governo por meio do Ministério do Trabalho.

As relações trabalhistas acarretam uma série de rotinas trabalhistas que as empresas devem obedecer, seja para admitir um empregado, registrá-lo na empresa, remunerá-lo ao fim de cada mês, interromper, suspender ou rescindir seu contrato de trabalho, efetuar as contribuições sindicais ou previdenciárias, pagar suas férias, 13º salário etc. Cada uma dessas rotinas trabalhistas exige determinados impressos e formulários padronizados que veremos a seguir. As relações trabalhistas envolvem a empresa, os seus empregados e os sindicatos envolvidos como representantes dos empregados.

As relações trabalhistas obedecem ao direito do trabalho. Direito do trabalho é o conjunto de princípios e regras jurídicas aplicáveis às relações individuais e coletivas entre empregador e empregados, em função do trabalho. O direito do trabalho tem a sua origem na Revolução Industrial, com o surgimento das grandes empresas, das grandes concentrações de capital, do assalariado e da formação das associações de trabalhadores. No Brasil, o direito do trabalho passou por três fases distintas, a saber:

1) *Fase do liberalismo da monarquia*: que se estendeu desde a Independência (7 de setembro de 1822) até a abolição da escravatura (13 de maio de 1888).
2) *Fase do liberalismo republicano*: que se estende desde a Proclamação da República (15 de novembro de 1889) até a Revolução de 1930.
3) *Fase intervencionista*: desde 1930 até os nossos dias. O ponto mais alto da fase intervencionista ocorreu em 1º de maio de 1943 com a promulgação da Consolidação das Leis do Trabalho, através do Decreto-Lei n. 5.452, por Getúlio Vargas.

Hoje, o alicerce das relações trabalhistas no Brasil é a Consolidação das Leis do Trabalho, assunto que veremos adiante.

Consolidação das Leis do Trabalho

A Consolidação das Leis do Trabalho foi promulgada em 1943 e inspirou-se no regime corporativo-fascista italiano da época. Na realidade, a CLT foi uma coletânea das leis trabalhistas da época, consolidadas em uma única lei, com algumas inclusões novas. Com o passar do tempo, a CLT foi ampliada com novas leis, enquanto algumas foram eliminadas e outras modificadas. Até mesmo a Constituição de 1988 trouxe inúmeras modificações à CLT, com a introdução de novas leis trabalhistas, ali denominadas leis sociais. Hoje, a legislação trabalhista brasileira é bastante complexa, fruto de um emaranhado de leis que foram sendo promulgadas ao longo do tempo, sobrepondo-se umas às outras. No seu todo, trata-se de uma legislação completa, mas que peca pelo forte conservantismo de regras ultrapassadas e por não levar em conta o atual dinamismo do mercado de trabalho. Neste sentido, ao tentar proteger o trabalhador com forte detalhamento de suas regras, ela impõe ao mercado uma rigidez e um engessamento que conduzem à informalidade e ao desemprego. Ao invés de incentivar as empresas a empregarem cada vez mais, a CLT impõe restrições e imposições ao emprego.

A CLT é constituída dos títulos e capítulos enunciados no Quadro 9.1.

Quadro 9.1 – Títulos e capítulos da CLT

TÍTULOS/CAPÍTULOS
I) Introdução
II) Das normas gerais de tutela do trabalho: Cap. 1: Identificação profissional (Carteira de Trabalho e Previdência Social) Cap. 2: Duração do trabalho (horário, descanso semanal etc.) Cap. 3: Salário mínimo Cap. 4: Férias Cap. 5: Segurança e medicina do trabalho
III) Das normas especiais de tutela do trabalho: Cap. 1: Disposições gerais sobre duração e condições de trabalho Cap. 2: Nacionalização do trabalho Cap. 3: Proteção do trabalho da mulher Cap. 4: Proteção do trabalho do menor
IV) Contrato individual do trabalho: Cap. 1: Disposições gerais Cap. 2: Remuneração Cap. 3: Alteração do contrato individual Cap. 4: Suspensão e interrupção do contrato individual Cap. 5: Rescisão Cap. 6: Aviso prévio Cap. 7: Estabilidade Cap. 8: Força maior Cap. 9: Disposições especiais
Convenções coletivas de trabalho

(continua)

Quadro 9.1 – Títulos e capítulos da CLT *(continuação)*
Processo de multas administrativas
Justiça do trabalho Cap. 1: Introdução Cap. 2: Juntas de conciliação e julgamento Cap. 3: Juízos de Direito Cap. 4: Tribunais Regionais do Trabalho Cap. 5: Tribunal Superior do Trabalho Cap. 6: Serviços auxiliares da Justiça do Trabalho Cap. 7: Penalidades
IX) Ministério público do trabalho
Processo judiciário do trabalho
Disposições finais e transitórias

De acordo com a CLT, o empregador ou patrão é a empresa ou pessoa jurídica constituída legalmente. Como empregador, a empresa assume determinadas obrigações legais com seus empregados, a saber:

1) Oferecer condições ambientais de trabalho adequadas, isto é, que não ofereçam risco à integridade física do trabalhador.
2) Remunerar de acordo com o contrato individual de trabalho e conforme determina a legislação trabalhista, no que se refere à jornada mensal de trabalho de, no máximo, 220 horas, repouso semanal remunerado, adicionais devidos (de horas extras, de trabalho noturno, de insalubridade, de periculosidade) quando for o caso.
3) Proporcionar condições de gozo de férias anuais, pagamento do 13º salário e demais direitos adquiridos pelo trabalhador.

Admissão de empregados: contrato de trabalho

A admissão de um empregado é feita através da assinatura de um contrato individual de trabalho. O contrato de trabalho é uma relação que se estabelece entre o empregado (seja funcionário de escritório, operário de fábrica ou qualquer tipo de trabalhador) e a empresa (seja através do patrão, diretor ou preposto). O contrato individual de trabalho estabelece uma relação de emprego entre ambos os sujeitos – patrão e empregado – por prazo determinado ou indeterminado, ou seja, com duração prefixada ou não. Na realidade, espera-se sempre que as relações entre empregado e empresa sejam duradouras e que persistam até a aposentadoria daquele.

O contrato de trabalho é o acordo tácito ou expresso que define uma relação de emprego. Pode ser feito por escrito ou verbalmente. Para comprovar a identificação profissional do empregado existe a Carteira Profissional (CP). Carteira Profissional é um documento pessoal que todo empregado deve possuir obrigatoriamente para nela anotar sua condição de empregado. Na CP do empregado a empresa efetua sucessivas anotações nos espaços apropriados, a respeito de data de admissão, cargo inicial e cargos ocupados ao longo do tempo, salário inicial e posteriores, anotações sobre férias, regime do FGTS, recolhimentos sindicais etc., representando o histórico profissional do empregado, isto é, o seu próprio currículo.

Registro de empregados

Com a admissão, isto é, com a assinatura do contrato individual de trabalho e a anotação na Carteira Profissional, efetua-se também o registro do empregado. Isso é feito através do preenchimento de um formulário padronizado denominado Ficha de Registro de Empregados, que deve ser assinado por este, e no qual constam todas as informações a respeito do empregado, como dados pessoais, qualificação, endereço, foto, data de admissão, cargo, salário, horário de trabalho etc. Cada Ficha de Registro tem uma numeração sequencial e exclusiva em cada empresa e cada empregado recebe um número de registro, que passa a ser o seu código de identificação na empresa. No verso dessa ficha há campos suficientes para acompanhar a trajetória do empregado na empresa ao longo do tempo e para registrar as alterações de contrato de trabalho, como os reajustes de salário, as promoções, as férias gozadas, ocorrências quanto a acidentes, afastamentos etc.

Em empresas pequenas, as Fichas de Registro de Empregados são substituídas pelo Livro de Registro de Empregados, que contém os mesmos dados relativos ao contrato de trabalho. Tanto o Livro de Registro de Empregados como as Fichas de Registro, as anotações na CP ou o próprio contrato individual de trabalho são documentos comprobatórios e importantes, tanto para a empresa como para o empregado, razão pela qual sua guarda é exigida durante cinco anos, uma vez que a prescrição dos direitos trabalhistas ocorre após cinco anos da extinção do contrato. Para fins previdenciários, a prescrição somente ocorre após 30 anos, exigindo sua guarda por todo esse tempo.

Na rescisão contratual, há um campo da Ficha de Registro que deve ser assinado pelo empregado, quando este devolver os documentos e pertences da empresa que estavam em seu poder e a empresa efetuar a quitação do salário e indenizações eventualmente devidas.

Remuneração do trabalho: formas e deduções

Do ponto de vista jurídico, há uma diferença entre os conceitos de remuneração e de salário: remuneração é o gênero do qual o salário é uma espécie. A remuneração compreende o conjunto dos vencimentos que o empregado recebe por sua prestação de serviços, incluindo aí o salário como a parte principal. O salário é o devido e pago pelo empregador, em função do cargo ocupado pelo empregado e o seu tempo à disposição do empregador. O salário, juntamente com os diversos adicionais como as horas extras, adicional noturno, adicional por insalubridade ou periculosidade, as comissões, gratificações, gorjetas etc, forma a remuneração. Essa distinção jurídica, no entanto, gera confusão sobre ambos os termos. Preferimos utilizar as palavras remuneração e salário como sinônimas.

No fundo, todo valor recebido pelo empregado em função da prestação de serviços e no decorrer do contrato de trabalho tem natureza salarial.

O salário deve obedecer aos seguintes parâmetros:

Salário mínimo

A Constituição de 1988 restabeleceu a expressão *salário mínimo* para definir o menor salário no país, fixado em lei, capaz de atender às necessidades básicas do trabalhador e da família, como moradia, alimentação, educação, saúde, lazer, vestuário, higiene, transporte e previdência social. Ao trabalhador é garantido um salário nunca inferior ao mínimo. O salário mínimo é alterado mensalmente.

Piso salarial

É o salário mínimo de determinadas categorias profissionais (como médicos, dentistas, engenheiros, químicos, arquitetos, agrônomos etc.), que é maior do que o salário mínimo nacional devido à complexidade do trabalho. O piso salarial de um engenheiro, por exemplo, corresponde a seis vezes o salário mínimo. É também denominado salário profissional.

Salário normativo

Corresponde ao piso salarial de determinadas categorias profissionais. É fixado em Convenção Coletiva de Trabalho, através de acordo entre dois ou mais sindicatos representativos de categorias econômicas.

13º salário

O 13º salário ou gratificação natalina corresponde a 1/12 da remuneração devida no mês de dezembro por mês trabalhado, ou fração igual ou superior a 15 dias. Se houver rescisão contratual sem justa causa, o empregado recebe a fração correspondente aos meses trabalhados, tendo por base o salário do mês da rescisão. Se a rescisão for por justa causa, o empregado perde o direito à proporcionalidade do 13º salário.

O 13º consiste em mais um salário por ano: o empregado trabalha 12 meses e recebe 13 salários. É pago em duas parcelas: a 1ª parcela (ou adiantamento) é paga por ocasião das férias, desde que o empregado o requeira no mês de janeiro daquele ano ou entre os meses de fevereiro e novembro. A 2ª parcela é paga até o dia 20 de dezembro, compensando o adiantamento feito na 1ª parcela.

Equiparação salarial

É o princípio da isonomia salarial: salário igual para trabalho igual, prestado ao mesmo empregado, na mesma localidade, sem distinção de sexo, nacionalidade ou idade. Para que o trabalho seja igual, deve haver a mesma produtividade e a mesma perfeição técnica e desde que o tempo de serviço não seja superior a dois anos.

Respeitados todos esses conceitos, o salário pode ser definido por hora (no caso de empregados horistas, como a maioria dos operários de fábricas), por semana ou por mês (no caso de empregados mensalistas).

INTERRUPÇÃO E SUSPENSÃO DO CONTRATO DE TRABALHO

Como o contrato individual de trabalho se estende indefinidamente ao longo do tempo, na grande maioria dos casos, ocorre que ele pode sofrer interrupções e suspensões, sem que haja rescisão contratual.

Ocorre interrupção do contrato de trabalho nos seguintes casos, em que o empregado tem direito a faltar sem prejuízo da remuneração:

1) *Até 2 dias*: por falecimento do cônjuge, ascendente, descendente, irmão ou pessoa dependente.
2) *Até 3 dias*: por casamento.
3) *Por 1 dia*: por nascimento de filho, para proceder ao registro civil.
4) *Por 1 dia (em cada 12 meses)*: doação voluntária de sangue;
5) *Até 2 dias*: alistamento eleitoral.

A interrupção do contrato de trabalho é feita sem prejuízo do salário e da contagem de tempo para efeito de férias, 13º salário etc.

Ocorre suspensão do contrato de trabalho nos seguintes casos:

1) Incorporação do empregado ao serviço militar obrigatório.
2) Licença médica por doença prolongada.
3) Aposentadoria por invalidez temporária.

A suspensão do contrato de trabalho pode provocar a suspensão do salário e influencia a contagem de tempo de serviço.

Rescisão do contrato de trabalho: demissão, aviso prévio, indenização, homologação, estabilidade

O trabalho é um dever de cada cidadão e, ao mesmo tempo, um direito que lhe deve ser assegurado para que tenha meios de subsistência e de vida digna, juntamente com a família. Por isso, o contrato individual de trabalho nem sempre tem duração preestabelecida. Contudo, a lei permite a rescisão ou extinção do contrato individual de trabalho. E essa extinção pode ocorrer por iniciativa do empregado ou do empregador. Quando o empregado decide rescindir seu contrato de trabalho é porque geralmente encontrou outro emprego ou tem algo em vista. Contudo, quando o contrato é rescindido por decisão da empresa pode haver graves consequências para o funcionário, principalmente em momentos de crise econômica, quando uma nova colocação se torna difícil.

Para atenuar as consequências da ruptura do contrato de trabalho, tanto para a empresa como para o empregado, existem alguns institutos importantes, como aviso prévio, a estabilidade e a indenização.

Aviso prévio

Qualquer uma das partes (empregado ou empregador) que quiser rescindir o contrato individual de trabalho, sem justo motivo, deverá avisar a outra com uma antecedência mínima de 30 dias. É o chamado aviso prévio. O empregador pode optar por pagar o aviso prévio desligando imediatamente o empregado, mas o período correspondente ao aviso prévio integra o contrato para todos os efeitos. Uma vez concedido o aviso prévio pelo empregado ou pelo empregador, a rescisão contratual somente se efetiva com a expiração daquele prazo.

Estabilidade

A estabilidade é uma garantia ao empregado da manutenção do seu emprego, enquanto ele cumprir suas obrigações contratuais e desejar a continuidade do vínculo com a empresa. O contrato de trabalho garantido pela estabilidade somente pode ser rescindido por iniciativa do empregador quando houver falta grave do empregado, prevista em lei. Mas pode ser desfeito pelo empregado independentemente de justa causa.

Na prática, o regime da estabilidade foi substituído pelo regime do Fundo de Garantia por Tempo de Serviço (FGTS), que veremos logo adiante.

Estabilidade provisória

É a estabilidade garantida enquanto durarem certas condições específicas em que a possibilidade de dispensa se torna maior. Existe estabilidade provisória definida por lei ou por negociações coletivas nos seguintes casos:

1) Para o dirigente sindical durante o seu mandato.
2) Para os representantes de empregados na Comissão Interna de Prevenção de Acidentes (CIPA).
3) Para a empregada gestante desde o início da gravidez até os cinco meses após o parto.
4) Para o empregado em idade de prestação de serviço militar.
5) Para o empregado acidentado e readaptado em nova função etc.

Indenização por dispensa sem justa causa

Nos contratos por prazo indeterminado, a rescisão por iniciativa da empresa obriga-a a indenizar o empregado. A indenização consiste no pagamento de um mês de salário.

Contribuição sindical

Os sindicatos – tanto os patronais como os dos trabalhadores – dependem de determinadas receitas para poderem sobreviver e funcionar. As receitas dos sindicatos são obtidas na base de contribuições sindicais. No caso dos sindicatos de trabalhadores, a cada acordo coletivo os empregados da categoria – sindicalizados ou não – efetuam contribuições assistenciais, geralmente calculadas em porcentagens de seus salários atualizados pelo acordo coletivo. Além disso, os sindicatos dos trabalhadores recebem contribuições mensais de seus associados, que são os empregados sindicalizados.

Através da contribuição assistencial, continua predominando o instituto do sindicato único em nosso país, ou seja, a unicidade sindical: um único sindicato para cada categoria de empresas e de trabalhadores.

Fundo de Garantia por Tempo de Serviço (FGTS)

O Fundo de Garantia por Tempo de Serviço (FGTS) foi instituído pela lei 5.107 a partir de 1º de janeiro de 1967. Desde então, os contratos individuais de trabalho passaram a ser regidos ou pelo regime da CLT, ou pelo regime do FGTS, relativamente ao tempo de serviço. Na prática, a opção pelo FGTS tornou-se obrigatória pelas empresas.

A finalidade original do FGTS era obrigar o empregador a depositar todo mês uma parcela da remuneração do empregado, a fim de evitar que, em caso de dispensa sem justa causa, não houvesse dinheiro para pagar a indenização. Assim, todo mês, a empresa deve efetuar um depósito de 8% da remuneração paga a cada empregado, depositando os valores em uma conta bancária aberta em nome do empregado. Mês a mês, os depósitos formam o valor de um salário por ano. Os depósitos sofrem correção monetária e juros.

Previdência social: assistência e benefícios

A Previdência Social é o órgão subordinado ao Ministério da Previdência Social que visa a assegurar aos seus beneficiários:

1) Meios indispensáveis de manutenção por motivo de incapacidade, idade avançada, tempo de serviço, encargos familiares, prisão ou morte daqueles de quem dependem.
2) Serviços que visam à proteção da sua saúde e bem-estar.

Os beneficiários da Previdência Social são os segurados e seus dependentes. Convém defini-los melhor:

1) *Segurado*: é quem exerce atividade remunerada, seja efetiva ou eventual, com ou sem vínculo empregatício.
2) *Dependentes*: são a esposa, a companheira mantida há mais de 5 anos, o marido inválido, filho menor de 18 anos ou inválido e a filha solteira menor de 21 anos ou inválida.
3) Pai inválido ou mãe inválida.

A Previdência Social oferece os seguintes benefícios:

a) Benefícios para o segurado:
   - Auxílio doença;
   - Aposentadoria por invalidez;
   - Aposentadoria por velhice;
   - Aposentadoria por tempo de serviço ou abono de permanência;
   - Aposentadoria geral;
   - Auxílio-natalidade;
   - Salário família;
   - Salário maternidade;
   - Pecúlio.

A Constituição de 1988 introduziu a licença paternidade (de 5 dias) e a licença gestante (de 120 dias de repouso remunerado).

b) Benefícios para os dependentes:

- ✔ Auxílio reclusão;
- ✔ Auxílio funeral;
- ✔ Pensão;
- ✔ Pecúlio.

c) Para os beneficiários em geral:

- ✔ Assistência médica, farmacêutica e odontológica;
- ✔ Assistência complementar;
- ✔ Assistência reeducativa e readaptação profissional.

Questões para revisão

1) O que são relações trabalhistas?
2) Qual é o departamento da empresa que cuida das relações trabalhistas?
3) O que é direito do trabalho?
4) Como surgiu o direito do trabalho?
5) Quais são as fases do direito do trabalho no Brasil?
6) O que é a CLT e quando foi promulgada?
7) A legislação trabalhista está toda contida na CLT ou também em outras leis? Quais?
8) Qual é a importância da CLT?
9) Qual é a finalidade da CLT?
10) Quais são as obrigações do empregador?
11) O que é contrato individual de trabalho?
12) Como pode ser celebrado?
13) Qual é a duração do contrato individual de trabalho?
14) O que é registro de empregado?
15) Como é efetuado?
16) Como se comprova na prática?
17) Qual é a diferença entre remuneração e salário?
18) Quais são os principais parâmetros de um salário?
19) O que é salário mínimo?
20) O que é salário normativo?
21) O que é salário profissional?

22) O que é 13º salário?
23) O que significa interrupção do contrato de trabalho?
24) O que significa suspensão do contrato de trabalho?
25) O que significa rescisão do contrato de trabalho?
26) Como pode ocorrer a rescisão do contrato de trabalho?
27) O que é demissão?
28) O que é aviso prévio?
29) O que é indenização?
30) O que é homologação?
31) O que é estabilidade?
32) O que significa estabilidade provisória?
33) Explique a contribuição sindical.
34) Explique o FGTS.
35) Como são feitos os depósitos do FGTS?
36) Conceitue a Previdência Social.
37) Qual é a assistência oferecida pela Previdência Social?
38) Quais são os principais benefícios da Previdência Social?
39) O que significa *segurado* para a Previdência Social?
40) O que significa *dependente* para a Previdência Social?
41) Caracterize as prestações da Previdência Social.

Exercícios

1) Faça uma visita ao departamento pessoal da empresa na qual você trabalha ou da instituição de ensino em que estuda. Efetue um levantamento de todos os impressos e formulários padronizados utilizados e elabore um manual de procedimentos de como utilizá-los.
2) Com base nas informações que o departamento pessoal lhe fornecer, sugira o fluxograma adequado aos procedimentos para admitir pessoal.
3) Faça um levantamento dos sindicatos aos quais a empresa em que você trabalha ou a instituição de ensino em que estuda está vinculada. Elabore um relatório, mapeando as datas-base dos acordos coletivos, as épocas de reajuste salarial, os salários normativos e as principais cláusulas sociais.

Referências bibliográficas

Benge, E.J.; Burk, S.H.L; Hay, E.N. *Manual of job evaluation*. New York: Harper & Row, 1941.

Brown, A.; Green, T.D. *The essentials of instructional design*: connecting fundamental principles with process and practice. Upper Saddle River: Pearson/Merrill/Prentice Hall, 2006.

Carelli, A. *Seleção, treinamento e integração do empregado na empresa*. São Paulo: MTPS, DNSHT, INPS, Fundacentro, PNVT, META IV, 1973. p.9.

Chiavenato, I. *Administração de recursos humanos*: fundamentos básicos. Barueri: Manole, 2009a.

_______. *Como transformar RH – de um centro de despesa – em um centro de lucro*. São Paulo: Makron Books, 2002.

_______. *Desempenho humano nas empresas*: como desenhar cargos e avaliar o desempenho para alcançar resultados. Barueri: Manole, 2009b.

_______. *Gerenciando com pessoas*. Rio de Janeiro: Elsevier/Campus, 2007.

_______. *Gestão de pessoas*. Rio de Janeiro: Elsevier/Campus, 2008.

_______. *História da administração*: entendendo a administração e sua poderosa influência no mundo moderno. São Paulo: Saraiva, 2009c.

_______. *Planejamento, recrutamento e seleção de pessoal*: como agregar talentos à empresa. Barueri: Manole, 2009d.

_______. *Recursos humanos*: o capital humano das organizações. Rio de Janeiro: Elsevier/Campus, 2009e.

_______. *Remuneração, benefícios e relações no trabalho*: como reter talentos na organização. Barueri: Manole, 2009f.

_______. *Treinamento e desenvolvimento de recursos humanos*: como incrementar talentos na empresa. Barueri: Manole, 2009g.

Kirkpatrick, D.L. *Evaluating training programs*: the four levels. São Francisco: Berrett-Koehler, 1994. Disponível em: http://www.axialent.com.

Leone, P. "Comparing web-based, instructor-led and blended-delivery approaches". In: *Training industry quarterly*, 2008. Disponível em: http://www.trainingindustry.com.

Livy, B. *Job evaluation*: a critical review. Londres: George Allen & Unwin, 1975. p.54

Lott, M.R. *Wage scales and job evaluation*. New York: Ronald Press, 1926.

Patton, T. *Pay*. New York: Free Press, 1977.

Sherman, A.; Bohrlander, G.; Snell, S. *Managing human resources*. Boston: South-Western College Publishing, 1998. p.318.

UHRBRACK, R.S. "Mental alertness tests as aids in selecting employees". *Personnel*, n.12, 1966. p.231.
WAITE, W.W. *Personnel administration*. New York: Ronald Press, 1952. p.219-40.
WHITEHILL JR., A.M. *Personnel relations.* New York: McGraw-Hill, 1955. p.121-51.
YODER, D. *Personnel management and industrial relation*. Englewood Cliffs: Prentice-Hall, 1956. Cap. 9.
http://www.chatfieldgroup.com.

Índice remissivo

E

F

G

H

I

J

L